Einstern

Mathematik für Grundschulkinder

1

Themenheft 2

Zahlen und Operationen
Rechnen bis 10

Raum und Form
Linien und Muster
zeichnen

Erarbeitet von
Roland Bauer
Jutta Maurach

In Zusammenarbeit
mit der
Cornelsen Redaktion
Grundschule

Cornelsen

Inhaltsverzeichnis

Raum und Form

★ Pflichtseiten

✸ Wahlseiten

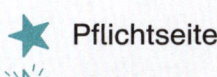 Handlungshinweis

 besprechen mit einem Partner

 besprechen in der Gruppe
Weitere Hinweise für die Lehrkraft befinden sich
auf der hinteren (inneren) Umschlagseite.

Aufgaben mit unterschiedlichen Anforderungsniveaus:

① ausrechnen, ausführen, wiedergeben

① erkennen, fortsetzen, anwenden

① Lösungswege selbst entwickeln, darstellen, begründen und übertragen

☐ Feld zum Markieren erledigter Aufgaben

Ich bin Einstern ...

... und ich helfe dir:

schreiben   malen   erkennen   zeichnen

1

Plusaufgaben kennenlernen

3 plus 2 ist gleich 5.

1

4 plus 2 ist gleich 6

4 + 2 = 6

 2 plus 1 ist gleich

 + =

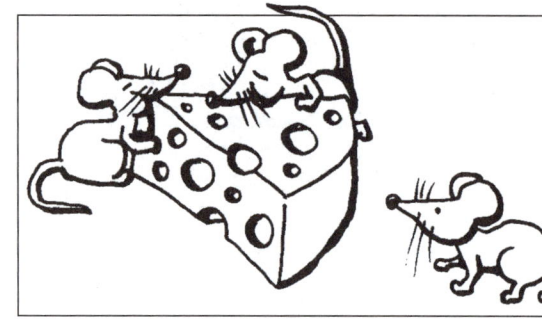

2 plus 3 ist gleich ___

☐ + ☐ = ☐

2

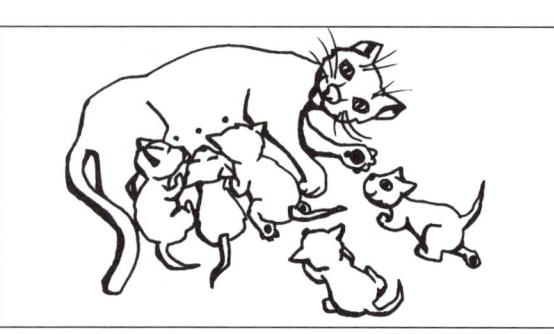

___ plus ___ ist gleich ___

☐ + ☐ = ☐

★ ordnen dem Hinzufügen und Vereinigen Plusaufgaben zu
★ wechseln zwischen verschiedenen Darstellungsformen

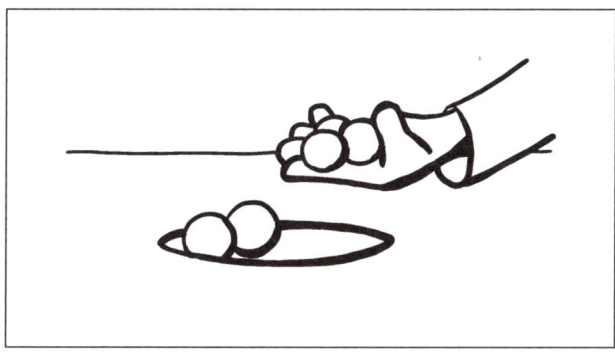

★ übersetzen Informationen in die Sprache der Mathematik
★ stellen Zusammenhänge zwischen Sachsituationen und der passenden Rechenoperation her
★ wechseln zwischen verschiedenen Darstellungsformen

1

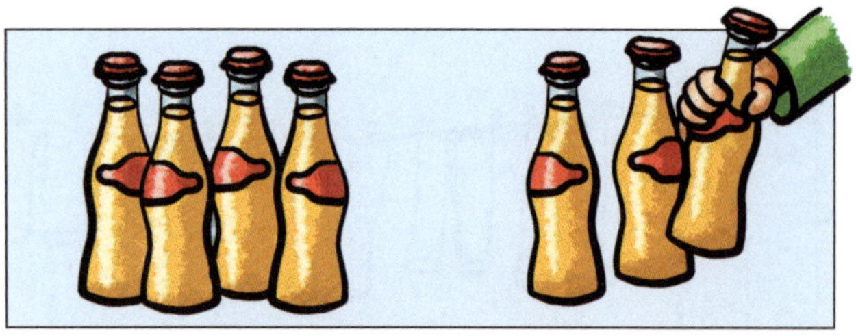

○○○○○○○○○○○ (Punktebild: ●●●●●●●○○○○)

$$4 + 3 = 7$$

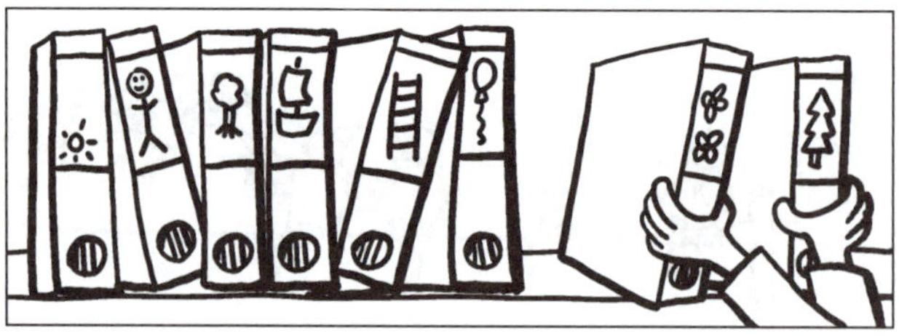

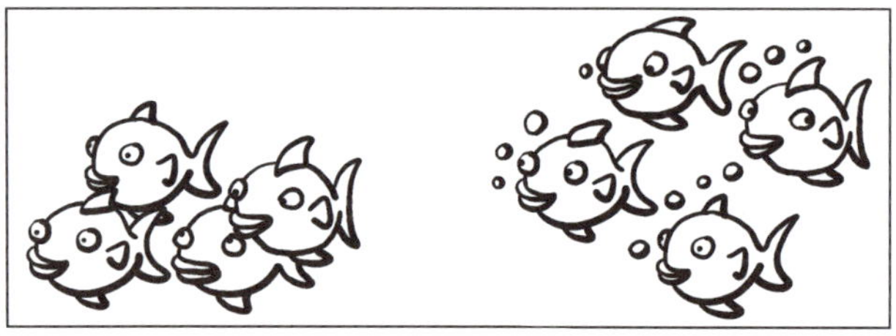

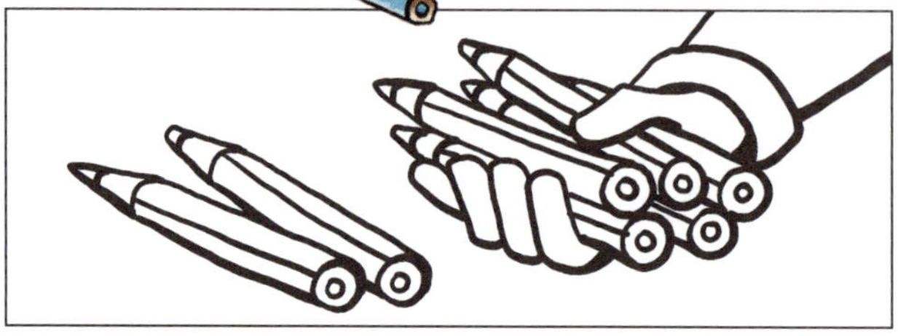

□ + □ = □

□ + □ = □

□ + □ = □

2

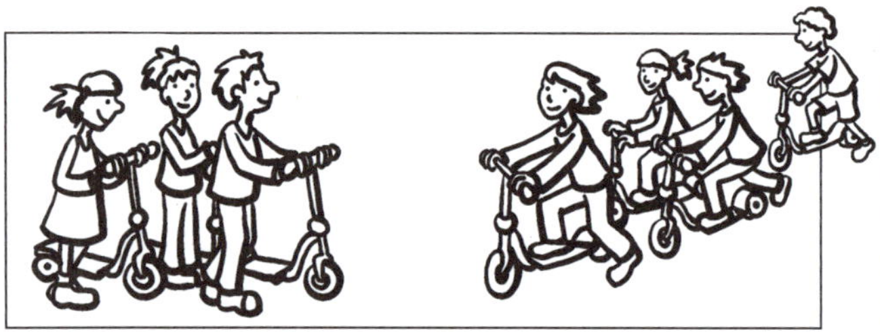

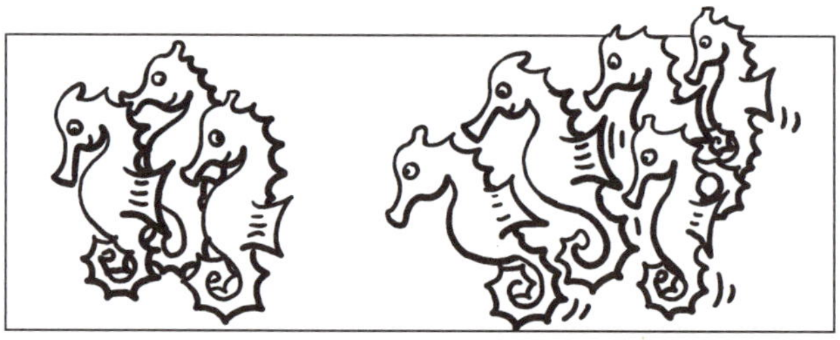

□ + □ = □

□ + □ = □

3

(Punktebild: ●●●●●○○○○○)

$$3 + 2 = 5$$

(Punktebild: ●●●●○○○○○○)

$$2 + 2 = 4$$

★ übersetzen Informationen in die Sprache der Mathematik
★ stellen Zusammenhänge zwischen Sachsituationen und der passenden Rechenoperation her
★ wechseln zwischen verschiedenen Darstellungsformen

1

2 + 4 = 6

2

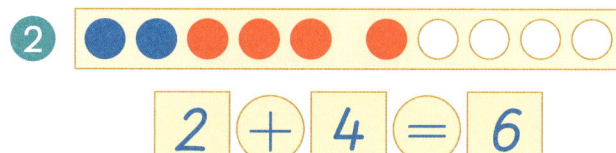

$2 + 4 = 6$

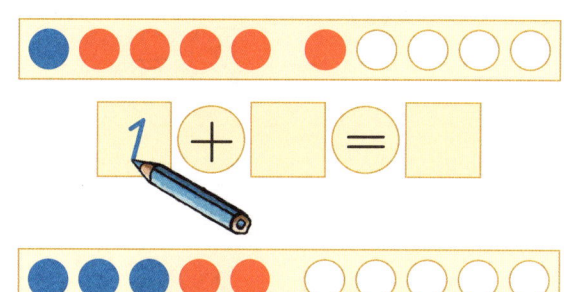

$1 + \boxed{} = \boxed{}$

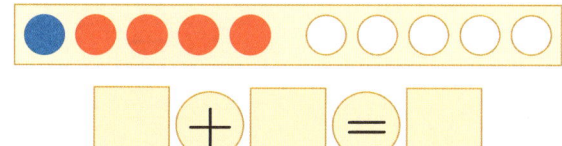

$\boxed{} + \boxed{} = \boxed{}$

$\boxed{} + \boxed{} = \boxed{}$

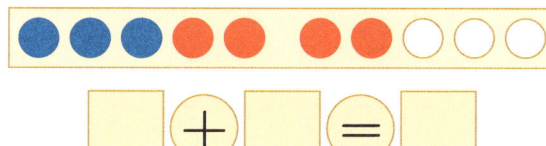

$\boxed{} + \boxed{} = \boxed{}$

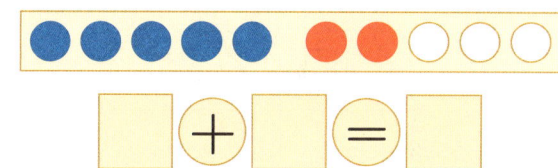

$\boxed{} + \boxed{} = \boxed{}$

$\boxed{} + \boxed{} = \boxed{}$

$\boxed{} + \boxed{} = \boxed{}$

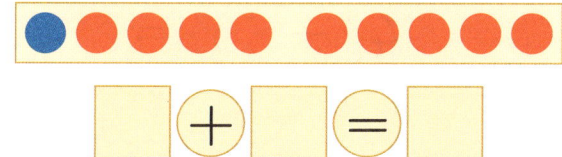

$\boxed{} + \boxed{} = \boxed{}$

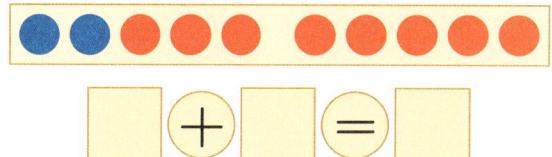

$\boxed{} + \boxed{} = \boxed{}$

3

$\boxed{} + \boxed{} = \boxed{}$

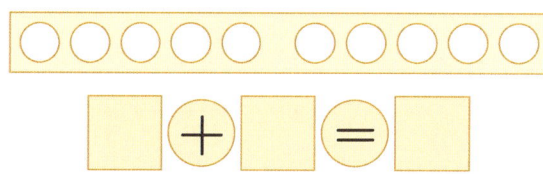

$\boxed{} + \boxed{} = \boxed{}$

★ wechseln zwischen verschiedenen Darstellungsformen (Handlungs-, bildliche und symbolische Ebene)
★ finden zu gegebenen mathematischen Modellen (Punktebilder) passende Aufgabenstellungen
★ erkennen, das zu gleichen Ergebnissen unterschiedliche Aufgaben gehören können

1

$2 + 3 = 5$

$1 + 2 = \square$

$3 + 3 = \square$

$2 + 2 = \square$

$4 + 1 = \square$

$1 + 3 = \square$

$3 + 2 = \square$

$7 + 2 = \square$

$9 + 1 = \square$

$3 + 4 = \square$

$0 + 3 = \square$

$5 + 1 = \square$

$4 + 6 = \square$

2

$\square + \square = \square$

$\square + \square = \square$

★ wechseln zwischen verschiedenen Darstellungsformen (bildliche und symbolische Ebene)
★ finden zu gegebenen mathematischen Modellen passende Aufgabenstellungen

1   3 + 2 = ☐   3 + 6 = ☐   4 + 4 = ☐

     4 + 6 = ☐   4 + 2 = ☐   5 + 4 = ☐

     2 + 7 = ☐   1 + 6 = ☐   7 + 1 = ☐

2   2 + 6 = ☐   6 + 3 = ☐   3 + 5 = ☐

     4 + 5 = ☐   4 + 0 = ☐   6 + 4 = ☐

     8 + 2 = ☐   9 + 1 = ☐   2 + 2 = ☐

3   3 + 3 = ☐   2 + 6 = ☐   8 + 1 = ☐

     5 + 2 = ☐   0 + 10 = ☐   4 + 6 = ☐

     4 + 3 = ☐   7 + 2 = ☐   3 + 4 = ☐

4   9 + 0 = ☐   1 + 4 = ☐   5 + 5 = ☐

     7 + 3 = ☐   5 + 3 = ☐   2 + 8 = ☐

     2 + 3 = ☐   3 + 7 = ☐   6 + 1 = ☐

Nachbaraufgaben beim Plusrechnen entdecken

1

1 + 1 = 2	☐ + ☐ = ☐	☐ + ☐ = ☐
1 + 2 = ☐	2 + 2 = ☐	☐ + ☐ = ☐
1 + 3 = ☐	☐ + ☐ = ☐	☐ + ☐ = ☐

5 + 1 = ☐	☐ + ☐ = ☐	☐ + ☐ = ☐
6 + 1 = ☐	4 + 3 = ☐	☐ + ☐ = ☐
7 + 1 = ☐	☐ + ☐ = ☐	☐ + ☐ = ☐

2

4 + 0 = 4	4 + 1 = ☐	☐ + ☐ = ☐
4 + 1 = ☐	5 + 1 = ☐	☐ + ☐ = ☐
4 + 2 = ☐	6 + 1 = ☐	☐ + ☐ = ☐
4 + ☐ = ☐	☐ + ☐ = ☐	☐ + ☐ = ☐
4 + ☐ = ☐	☐ + ☐ = ☐	☐ + ☐ = ☐
4 + ☐ = ☐	☐ + ☐ = ☐	☐ + ☐ = ☐

★ stellen Vermutungen über mathematische Zusammenhänge an, bestätigen diese anhand von selbstentwickelten Beispielen
★ nutzen die Rechenstrategie Nachbaraufgaben
★ erkennen und beschreiben arithmetische Muster und setzen diese folgerichtig fort

1

2 plus 3 ist gleich 5

2

2 + 3 = 5

3 + ☐ = 6

1 + ☐ = 5

4 + ☐ = 8

7 + ☐ = 10

2 + ☐ = 6

3

1 + ☐ = 4

3 + ☐ = 5

1 + ☐ = 2

6 + ☐ = 10

5 + ☐ = 9

5 + ☐ = 5

★ wechseln zwischen verschiedenen Darstellungsformen (Handlungs-, bildliche und symbolische Ebene)
★ bearbeiten Aufgabenstellungen gemeinsam
★ wenden die Zahlensätze des Einspluseins bis 10 an

Ergänzungsaufgaben verstehen

1

3 + 2 = 5

● ● ●   ● ●

3 + ☐ = 5   2 + ☐ = 6   7 + ☐ = 9

4 + ☐ = 5   3 + ☐ = 6   6 + ☐ = 9

5 + ☐ = 5   4 + ☐ = 6   5 + ☐ = 9

2 2 + ☐ = 8   1 + ☐ = 7   8 + ☐ = 10

4 + ☐ = 8   3 + ☐ = 7   4 + ☐ = 10

8 + ☐ = 8   5 + ☐ = 7   2 + ☐ = 10

3 ☐ + 4 = 5   ☐ + 3 = 6   ☐ + 3 = 9

☐ + 3 = 5   ☐ + 2 = 6   ☐ + 4 = 9

☐ + 2 = 5   ☐ + 1 = 6   ☐ + 5 = 9

☐ + 7 = 8   ☐ + 0 = 7   ☐ + 3 = 10

☐ + 5 = 8   ☐ + 3 = 7   ☐ + 6 = 10

☐ + 1 = 8   ☐ + 6 = 7   ☐ + 9 = 10

★ erkennen und beschreiben arithmetische Muster und setzen diese folgerichtig fort

  1

7 + 3 = 10

2

7 + ☐ = 10

☐ + ☐ = 10

☐ + ☐ = 10

☐ + ☐ = 10

☐ + ☐ = 10

☐ + ☐ = 10

☐ + ☐ = 10

☐ + ☐ = 10

☐ + ☐ = 10

3

☐ + ☐ = 10

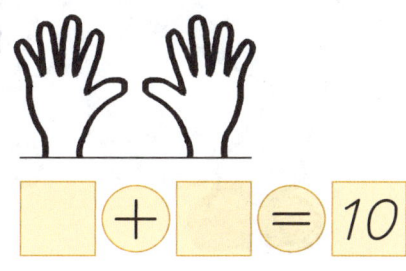

☐ + ☐ = 10

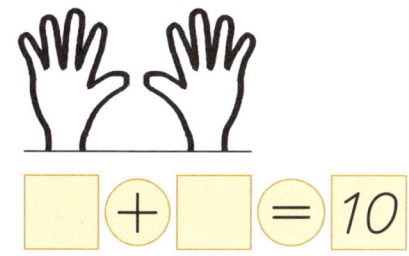

☐ + ☐ = 10

★ wenden ihre vorhandenen mathematischen Kenntnisse, Fähigkeiten und Fertigkeiten bei der Bearbeitung herausfordernder oder unbekannter Aufgaben an

1

★ erkennen und beschreiben Sachsituationen mit Minusaufgaben

Minusaufgaben kennenlernen

 1

_5_ minus _2_ ist gleich _3_

 5 − 2 = 3

_6_ minus _3_ ist gleich ____

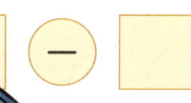  − ☐ = ☐

_3_ minus _1_ ist gleich ____

 ☐ − ☐ = ☐

 2

_4_ minus _2_ ist gleich ____

 ☐ − ☐ = ☐

★ ordnen dem Wegnehmen Minusaufgaben zu
★ wechseln zwischen verschiedenen Darstellungsformen
★ verwenden mathematische Fachbegriffe und Zeichen richtig

17

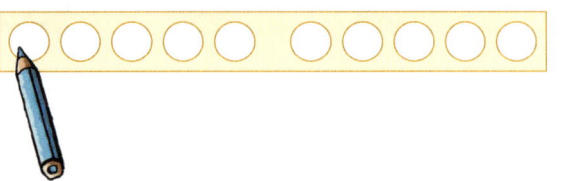

★ wechseln zwischen verschiedenen Darstellungsformen und
übertragen dabei Handlungsbilder in Punktebilder

Zu Rechengeschichten Punktebilder und Aufgaben finden

1

⚫⚫⚫⚫⚫ ⚫̸⚫̸⚪⚪⚪

$$7 - 3 = 4$$

⚫⚫⚫⚫⚫ ⚫⚫⚫⚪⚪

☐ — ☐ = ☐

⚫⚫⚫⚫⚫ ⚫⚫⚫⚫⚪

☐ — ☐ = ☐

⚫⚫⚫⚫⚫ ⚫⚫⚪⚪⚪

☐ — ☐ = ☐

2

⚫⚫⚫⚫⚫ ⚫⚫⚪⚪⚪

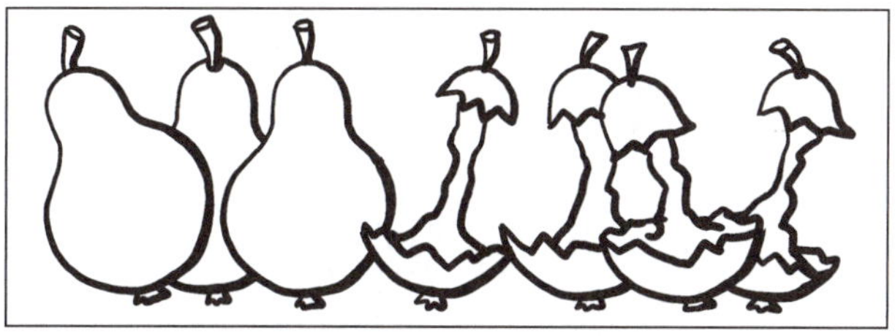

☐ — ☐ = ☐

⚫⚫⚫⚫⚫ ⚫⚫⚪⚪⚪

☐ — ☐ = ☐

3

⚫⚫⚫⚫̸⚫̸ ⚪⚪⚪⚪⚪

$$5 - 2 = ☐$$

⚫⚫⚫̸ ⚪⚪ ⚪⚪⚪⚪

$$3 - 1 = ☐$$

★ übersetzen Informationen in die Sprache der Mathematik
★ stellen Zusammenhänge zwischen Sachsituationen und der passenden Rechenoperation her
★ wechseln zwischen verschiedenen Darstellungsformen

1

4 − 2 = 2

2

4 − 2 = 2   7 − 2 = ☐

5 − ☐ = ☐   6 − ☐ = ☐   8 − ☐ = ☐

3

3 − ☐ = ☐   ☐ − ☐ = ☐   ☐ − ☐ = ☐

★ leiten von Sachsituationen die Ausgangs- und Endsituation und den Vorgang des Wegnehmens ab und stellen den Zusammenhang zu Minusaufgaben her

1

5 – 2 = 3

2

$5 - 2 = 3$

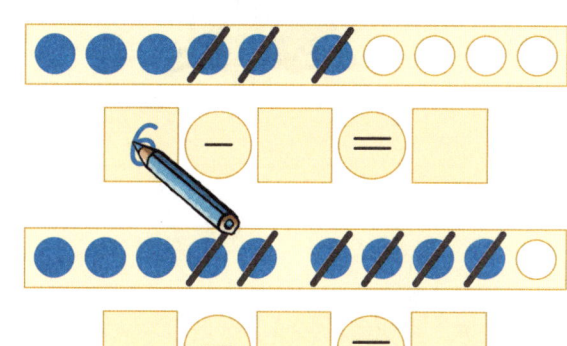

6 – ☐ = ☐

☐ – ☐ = ☐

☐ – ☐ = ☐

☐ – ☐ = ☐

☐ – ☐ = ☐

☐ – ☐ = ☐

☐ – ☐ = ☐

☐ – ☐ = ☐

☐ – ☐ = ☐

☐ – ☐ = ☐

☐ – ☐ = ☐

3

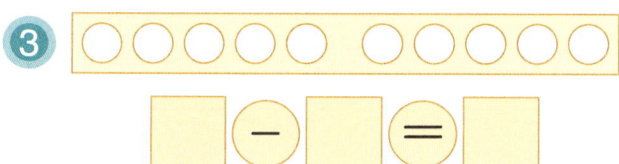

☐ – ☐ = ☐

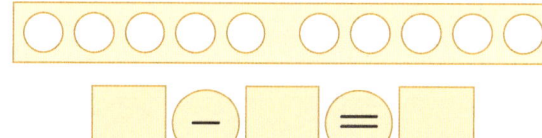

☐ – ☐ = ☐

★ wechseln zwischen verschiedenen Darstellungsformen (Handlungs-, bildliche und symbolische Ebene)
★ finden zu gegebenen Punktebildern passende Aufgabenstellungen

21

1

$6 - 4 = 2$

$5 - 4 =$ ☐

$2 - 1 =$ ☐

$7 - 1 =$ ☐

$10 - 7 =$ ☐

$6 - 5 =$ ☐

$5 - 2 =$ ☐

$4 - 3 =$ ☐

$9 - 3 =$ ☐

$4 - 0 =$ ☐

$8 - 3 =$ ☐

$6 - 2 =$ ☐

$3 - 3 =$ ☐

2

☐ $-$ ☐ $=$ ☐

☐ $-$ ☐ $=$ ☐

22

1 5 − 1 = ☐ 3 − 1 = ☐ 5 − 2 = ☐

4 − 3 = ☐ 9 − 2 = ☐ 3 − 3 = ☐

9 − 4 = ☐ 1 − 1 = ☐ 6 − 2 = ☐

2 2 − 1 = ☐ 6 − 4 = ☐ 7 − 3 = ☐

8 − 3 = ☐ 2 − 0 = ☐ 9 − 3 = ☐

7 − 5 = ☐ 10 − 5 = ☐ 9 − 9 = ☐

3 4 − 1 = ☐ 7 − 1 = ☐ 10 − 1 = ☐

6 − 5 = ☐ 8 − 4 = ☐ 8 − 5 = ☐

5 − 3 = ☐ 4 − 2 = ☐ 5 − 4 = ☐

4 7 − 2 = ☐ 8 − 2 = ☐ 6 − 3 = ☐

8 − 6 = ☐ 5 − 0 = ☐ 7 − 4 = ☐

9 − 5 = ☐ 9 − 6 = ☐ 10 − 4 = ☐

1

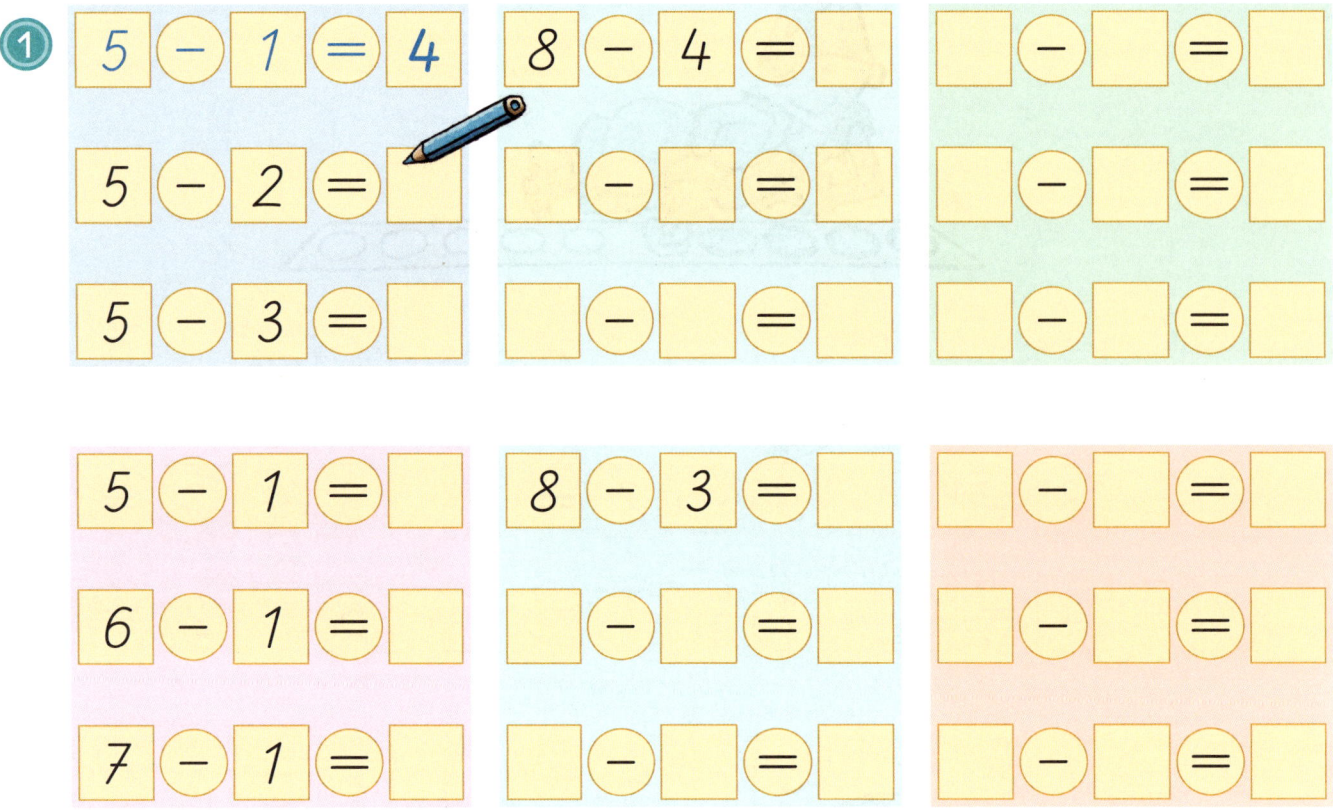

5 − 1 = 4   8 − 4 = ☐   ☐ − ☐ = ☐

5 − 2 = ☐   ☐ − ☐ = ☐   ☐ − ☐ = ☐

5 − 3 = ☐   ☐ − ☐ = ☐   ☐ − ☐ = ☐

5 − 1 = ☐   8 − 3 = ☐   ☐ − ☐ = ☐

6 − 1 = ☐   ☐ − ☐ = ☐   ☐ − ☐ = ☐

7 − 1 = ☐   ☐ − ☐ = ☐   ☐ − ☐ = ☐

2

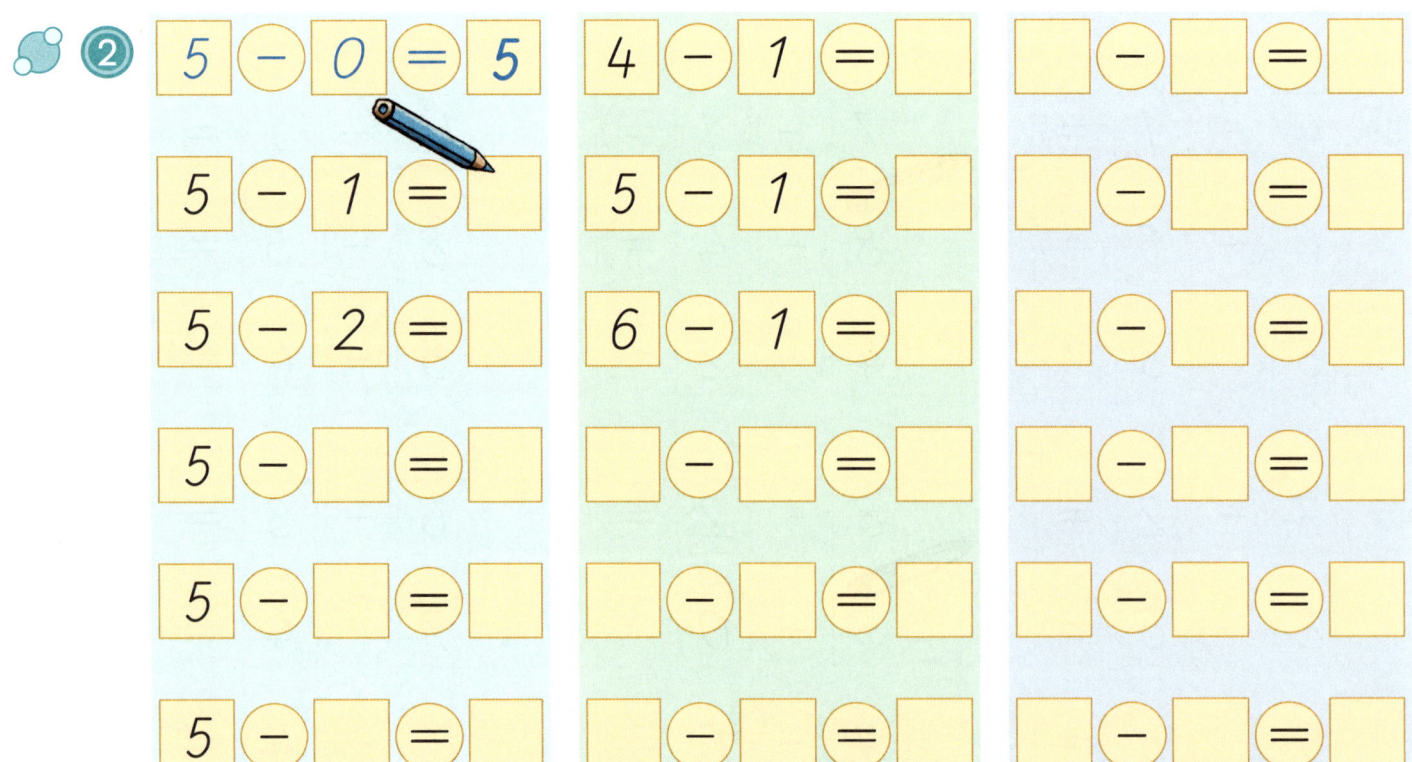

5 − 0 = 5   4 − 1 = ☐   ☐ − ☐ = ☐

5 − 1 = ☐   5 − 1 = ☐   ☐ − ☐ = ☐

5 − 2 = ☐   6 − 1 = ☐   ☐ − ☐ = ☐

5 − ☐ = ☐   ☐ − ☐ = ☐   ☐ − ☐ = ☐

5 − ☐ = ☐   ☐ − ☐ = ☐   ☐ − ☐ = ☐

5 − ☐ = ☐   ☐ − ☐ = ☐   ☐ − ☐ = ☐

★ stellen Vermutungen über mathematische Zusammenhänge an, bestätigen diese anhand von selbst entwickelten Beispielen
★ nutzen die Rechenstrategie Nachbaraufgaben
★ erkennen und beschreiben arithmetische Muster und setzen diese folgerichtig fort

Ergänzungsaufgaben kennenlernen

 1

2

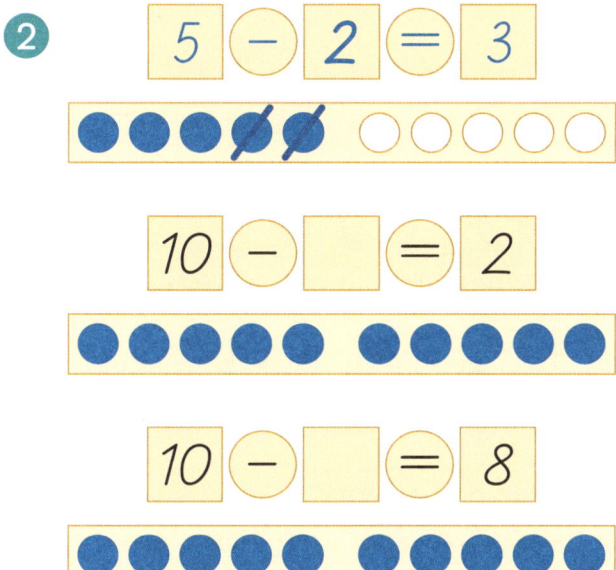
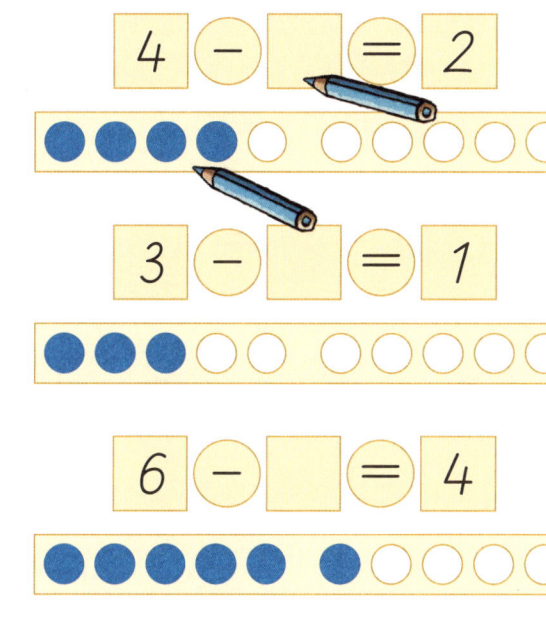

5 − 2 = 3

4 − ☐ = 2

10 − ☐ = 2

3 − ☐ = 1

10 − ☐ = 8

6 − ☐ = 4

 3

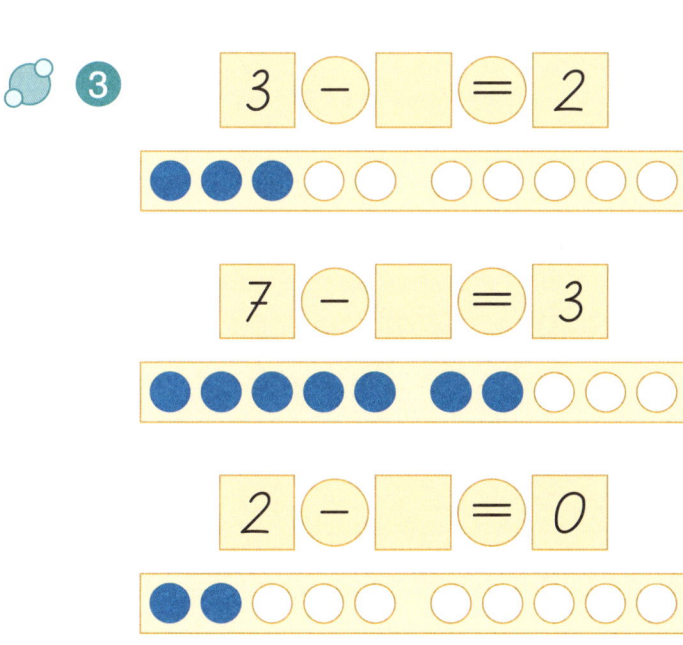
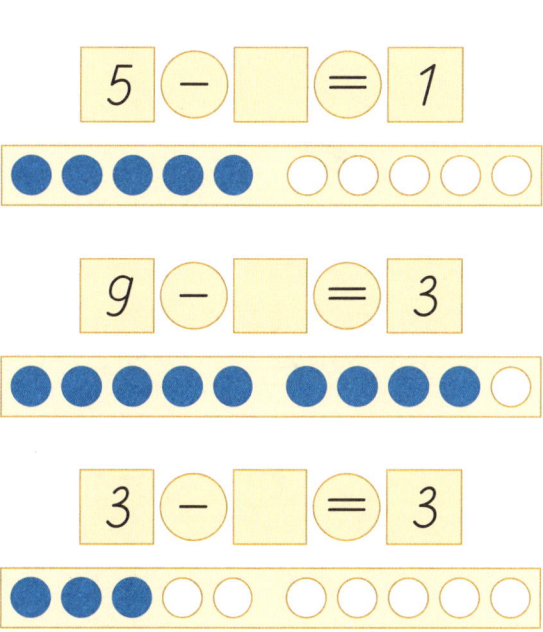

3 − ☐ = 2

5 − ☐ = 1

7 − ☐ = 3

9 − ☐ = 3

2 − ☐ = 0

3 − ☐ = 3

★ wechseln zwischen verschiedenen Darstellungsformen (bildliche und symbolische Ebene)
★ bearbeiten Aufgabenstellungen gemeinsam
★ wenden die Umkehrung der Zahlensätze des Einspluseins bis 10 an

Ergänzungsaufgaben verstehen

1

$5 - 1 = 4$

$5 - \boxed{} = 3$

$5 - \boxed{} = 2$

2

$6 - \boxed{} = 2$ $8 - \boxed{} = 4$ $9 - \boxed{} = 7$

$6 - \boxed{} = 1$ $8 - \boxed{} = 3$ $9 - \boxed{} = 6$

$6 - \boxed{} = 0$ $8 - \boxed{} = 2$ $9 - \boxed{} = 5$

$7 - \boxed{} = 5$ $4 - \boxed{} = 2$ $10 - \boxed{} = 6$

$7 - \boxed{} = 6$ $4 - \boxed{} = 3$ $10 - \boxed{} = 4$

$7 - \boxed{} = 7$ $4 - \boxed{} = 4$ $10 - \boxed{} = 2$

3

$\boxed{} - 1 = 4$ $\boxed{} - 6 = 2$ $\boxed{} - 4 = 1$

$\boxed{} - 2 = 4$ $\boxed{} - 5 = 2$ $\boxed{} - 3 = 2$

$\boxed{} - 3 = 4$ $\boxed{} - 4 = 2$ $\boxed{} - 2 = 3$

$\boxed{} - 4 = 4$ $\boxed{} - 3 = 2$ $\boxed{} - 1 = 4$

★ erkennen und beschreiben arithmetische Muster und setzen diese folgerichtig fort

Tauschaufgaben erkennen

  1

2

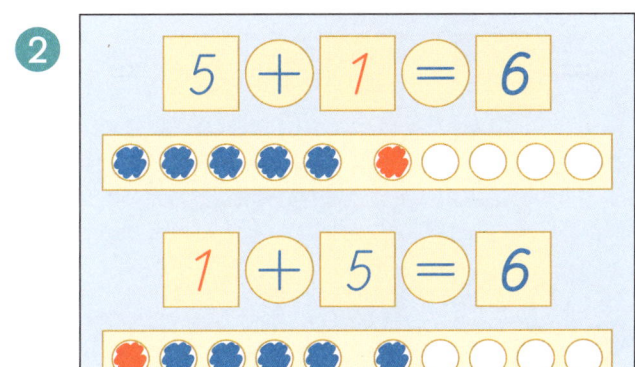

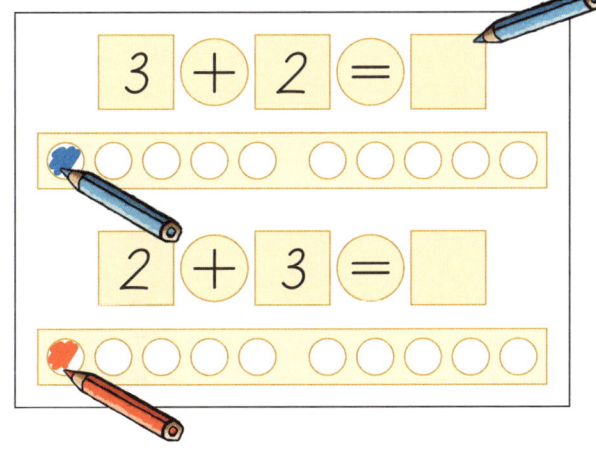

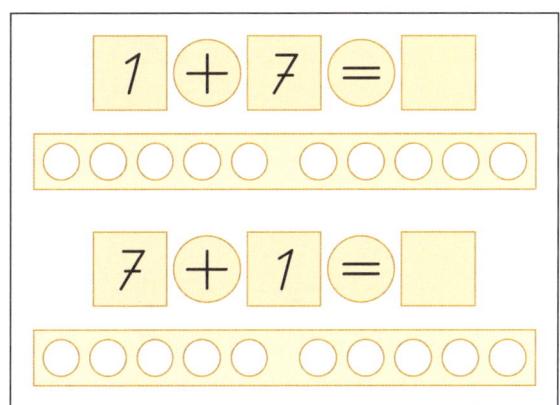

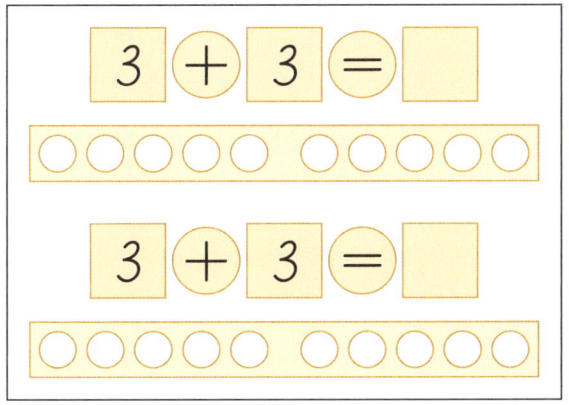

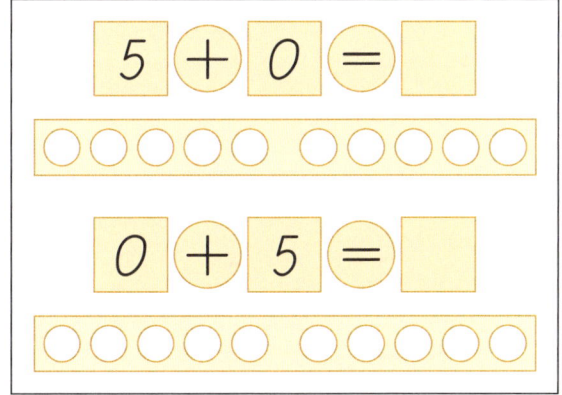

★ erklären Beziehungen und Gesetzmäßigkeiten an Beispielen und vollziehen Begründungen anderer nach
★ verwenden Fachbegriffe
★ wechseln zwischen verschiedenen Darstellungen

27

1
$3 + 1 = 4$ $2 + 1 = \square$ $0 + 7 = \square$
$1 + 3 = \square$ $1 + 2 = \square$ $7 + 0 = \square$

$4 + 4 = \square$ $1 + 9 = \square$ $2 + 3 = \square$
$\square + \square = \square$ $\square + \square = \square$ $\square + \square = \square$

2
$6 + \square = 6$ $3 + \square = 7$ $4 + \square = 6$
$\square + \square = \square$ $\square + \square = \square$ $\square + \square = \square$

$\square + 2 = 5$ $\square + 1 = 9$ $\square + 2 = 9$
$\square + \square = \square$ $\square + \square = \square$ $\square + \square = \square$

3
$\square + \square = \square$ $\square + \square = \square$ $\square + \square = \square$
$\square + \square = \square$ $\square + \square = \square$ $\square + \square = \square$

★ nutzen die Rechenstrategie Tauschaufgaben
★ erfinden zu vorgegebenen Aufgabenstellungen selbst weitere Aufgaben

1

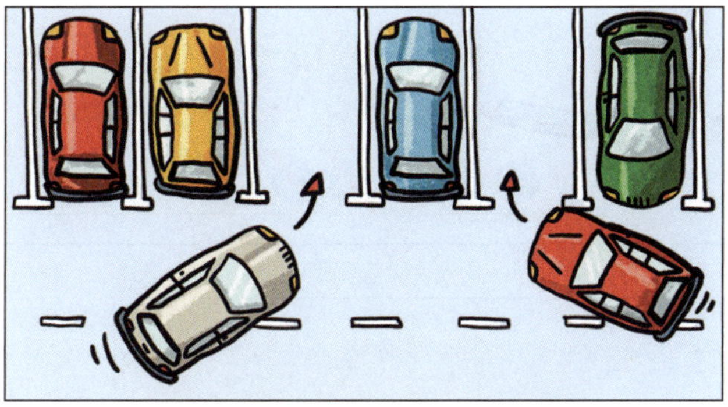

$4 + 2 = 6$ 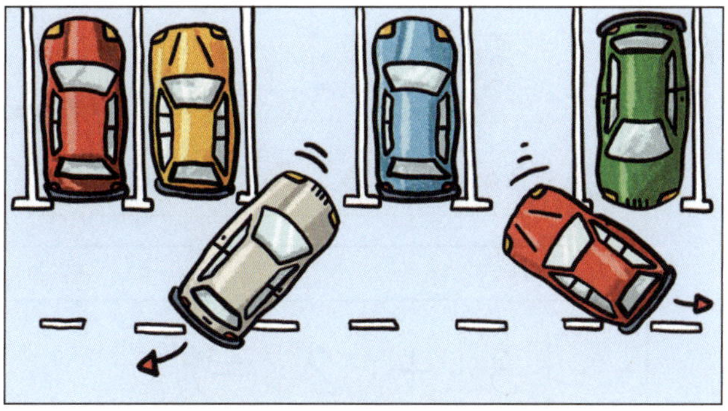 $6 - 2 = 4$

$\boxed{\ } - \boxed{\ } = \boxed{\ }$ $\boxed{\ } + \boxed{\ } = \boxed{\ }$

Das sind Umkehraufgaben.

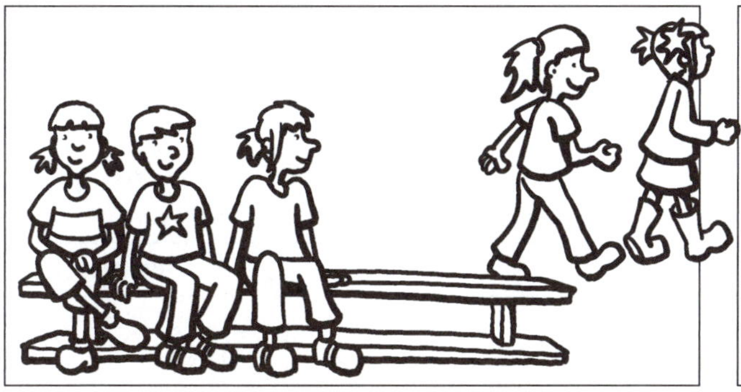

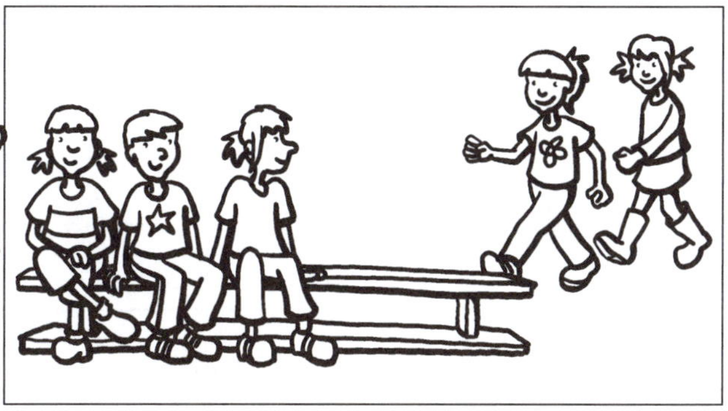

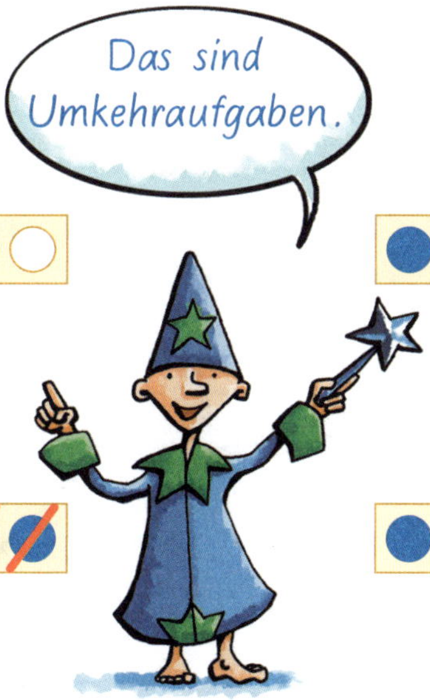

2

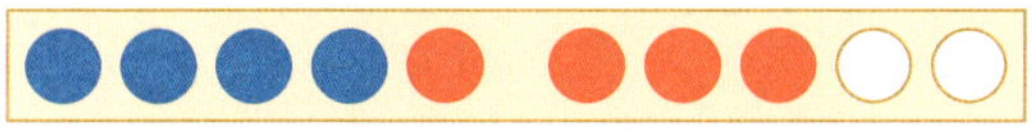

$4 + \boxed{\ } = \boxed{\ }$ 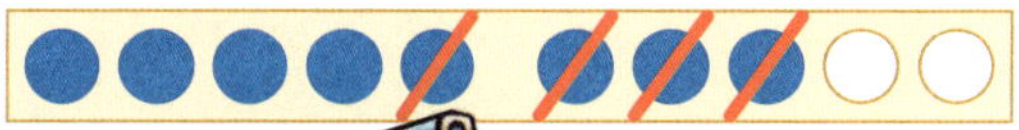 $8 - \boxed{\ } = \boxed{\ }$

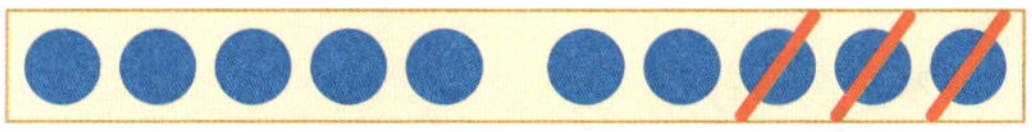

$\boxed{\ } - \boxed{\ } = \boxed{\ }$ $\boxed{\ } + \boxed{\ } = \boxed{\ }$

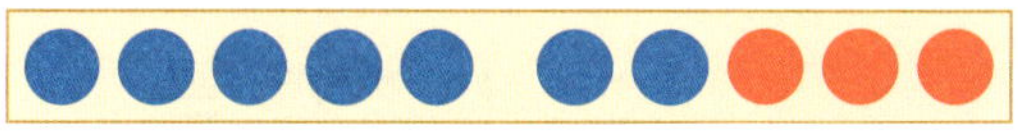

$\boxed{\ } + \boxed{\ } = \boxed{\ }$ $\boxed{\ } - \boxed{\ } = \boxed{\ }$

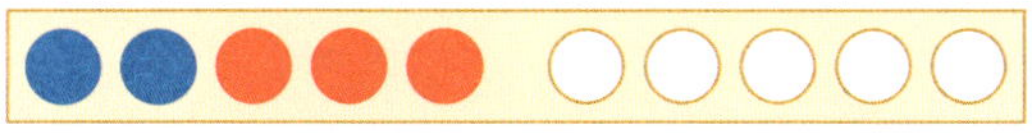

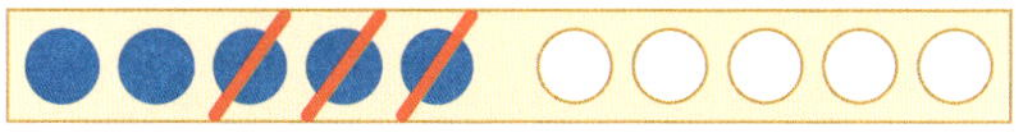

* wechseln zwischen verschiedenen Darstellungsformen
* erklären Beziehungen und Gesetzmäßigkeiten an Beispielen und vollziehen Begründungen anderer nach
* verwenden mathematische Fachbegriffe und Zeichen richtig

Umkehraufgabe zeichnen, berechnen und zuordnen

1

$2 + 4 = \square$ $\square - \square = \square$

$3 + 2 = \square$ $\square - \square = \square$

$10 - 5 = \square$ $\square + \square = \square$

$6 - 1 = \square$ $\square + \square = \square$

2

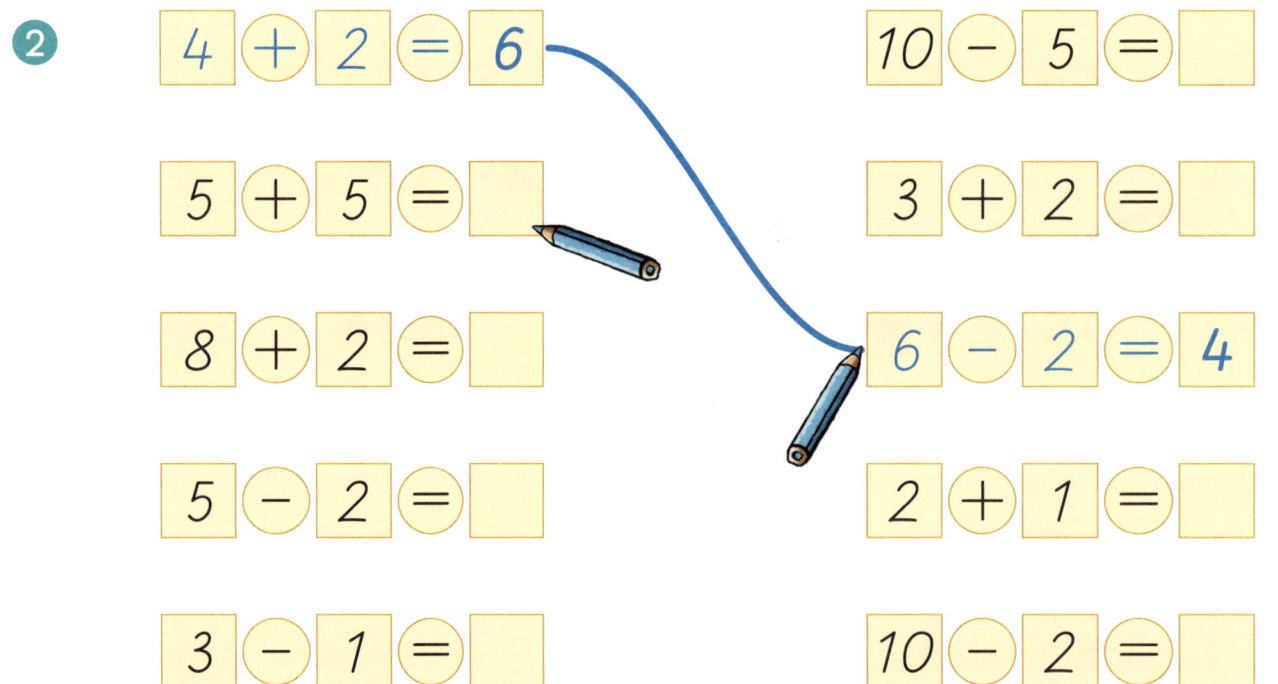

$4 + 2 = 6$ $10 - 5 = \square$

$5 + 5 = \square$ $3 + 2 = \square$

$8 + 2 = \square$ $6 - 2 = 4$

$5 - 2 = \square$ $2 + 1 = \square$

$3 - 1 = \square$ $10 - 2 = \square$

★ wenden ihre vorhandenen mathematischen Kenntnisse, Fähigkeiten und Fertigkeiten bei der Bearbeitung unbekannter Aufgaben an

★ wechseln zwischen verschiedenen Darstellungen

★ nutzen die Rechenstrategie Umkehraufgaben

Umkehraufgaben finden und lösen

①

$5 \xrightarrow{+3} \xleftarrow{-3} 8$ $5 + 3 = 8$ $8 - 3 = 5$

$2 \xrightarrow{+7} \xleftarrow{-7} 9$ $2 + =$ $ - =$

$6 \xrightarrow{+4} \xleftarrow{-4} 10$

$3 \xrightarrow{+3} \xleftarrow{-3} \square$

$4 \xrightarrow{+2} \xleftarrow{-2} \square$

$5 \xrightarrow{+5} \xleftarrow{-5} \square$

$8 \xrightarrow{+1} \xleftarrow{-1} \square$

  ②

$7 \xrightarrow{-3} \xleftarrow{+3} 4$ $7 - 3 = 4$ $4 + 3 = 7$

$9 \xrightarrow{-6} \xleftarrow{+6} 3$ $9 - =$ $ + =$

$8 \xrightarrow{-5} \xleftarrow{+5} \square$

$4 \xrightarrow{-4} \xleftarrow{+4} \square$

$10 \xrightarrow{-7} \xleftarrow{+7} \square$

$6 \xrightarrow{-1} \xleftarrow{+1} \square$

$5 \xrightarrow{-3} \xleftarrow{+3} \square$

★ wenden ihre vorhandenen mathematischen Kenntnisse, Fähigkeiten
und Fertigkeiten bei der Bearbeitung unbekannter Aufgaben an
★ nutzen die Rechenstrategie Umkehraufgaben

 1

2

2	10	8

$2 + 8 = 10$

$8 + \boxed{} = 10$

$10 - 2 = \boxed{}$

$10 - \boxed{} = \boxed{}$

5	4	9

$\boxed{} + \boxed{} = \boxed{}$

$\boxed{} + \boxed{} = \boxed{}$

$\boxed{} - \boxed{} = \boxed{}$

$\boxed{} - \boxed{} = \boxed{}$

6		8

$\boxed{} + \boxed{} = \boxed{}$

$\boxed{} + \boxed{} = \boxed{}$

$\boxed{} - \boxed{} = \boxed{}$

$\boxed{} - \boxed{} = \boxed{}$

3		

$\boxed{} + \boxed{} = \boxed{}$

$\boxed{} + \boxed{} = \boxed{}$

$\boxed{} - \boxed{} = \boxed{}$

$\boxed{} - \boxed{} = \boxed{}$

	7	

$\boxed{} + \boxed{} = \boxed{}$

$\boxed{} + \boxed{} = \boxed{}$

$\boxed{} - \boxed{} = \boxed{}$

$\boxed{} - \boxed{} = \boxed{}$

$\boxed{} + \boxed{} = \boxed{}$

$\boxed{} + \boxed{} = \boxed{}$

$\boxed{} - \boxed{} = \boxed{}$

$\boxed{} - \boxed{} = \boxed{}$

★ wenden ihre vorhandenen mathematischen Kenntnisse, Fähigkeiten und Fertigkeiten bei der Bearbeitung unbekannter Aufgaben an

★ probieren zunehmend systematisch und zielorientiert und nutzen die Einsicht in Zusammenhänge zur Lösung

Aufgabenfamilien finden

1

| 2 | ☐ | 0 |

☐ + ☐ = ☐
☐ + ☐ = ☐
☐ − ☐ = ☐
☐ − ☐ = ☐

| 1 | ☐ | 3 |

☐ + ☐ = ☐
☐ + ☐ = ☐
☐ − ☐ = ☐
☐ − ☐ = ☐

| 2 | ☐ | 3 |

☐ + ☐ = ☐
☐ + ☐ = ☐
☐ − ☐ = ☐
☐ − ☐ = ☐

2 *Eine passt nicht!*

6   3   9   4

3   6   2   9

2   4   8   4

3   7   5   2

4   1   5   2

3

| 6 | ☐ | ☐ |

☐ + ☐ = ☐
☐ + ☐ = ☐
☐ − ☐ = ☐
☐ − ☐ = ☐

| ☐ | 6 | ☐ |

☐ + ☐ = ☐
☐ + ☐ = ☐
☐ − ☐ = ☐
☐ − ☐ = ☐

| ☐ | ☐ | 6 |

☐ + ☐ = ☐
☐ + ☐ = ☐
☐ − ☐ = ☐
☐ − ☐ = ☐

★ wenden ihre vorhandenen mathematischen Kenntnisse, Fähigkeiten und Fertigkeiten bei der Bearbeitung herausfordernder oder unbekannter Aufgaben an
★ probieren zunehmend systematisch und zielorientiert und nutzen die Einsicht in Zusammenhänge zur Lösung

1

5	+	3	=		4	+	3	=	
5	+	4	=		4	+		=	
5	+	5	=		4	+		=	

3 + 5 =
☐ + ☐ =
☐ + ☐ =

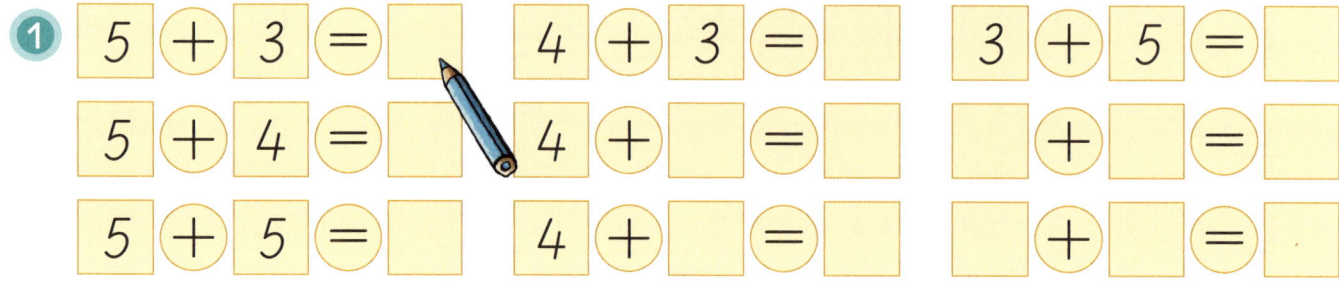

2

1	+	1	=		4	+	2	=
2	+	1	=			+	2	=
3	+	1	=			+	2	=

3 + 5 =
☐ + ☐ =
☐ + ☐ =

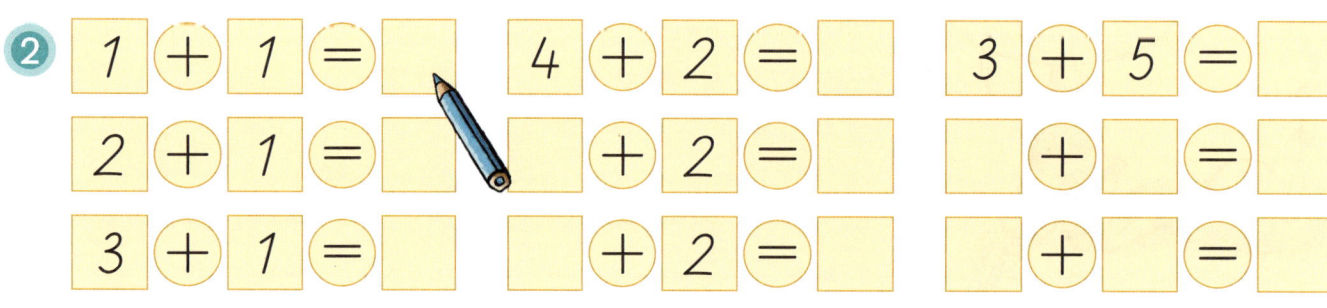

3

7	+	2	=		6	+	4	=
6	+	3	=		5	+	5	=
5	+	4	=			+		=

☐ + ☐ =
☐ + ☐ =
☐ + ☐ =

4

☐ + ☐ = ☐   ☐ + ☐ = ☐   ☐ + ☐ = ☐
☐ + ☐ = ☐   ☐ + ☐ = ☐   ☐ + ☐ = ☐
☐ + ☐ = ☐   ☐ + ☐ = ☐   ☐ + ☐ = ☐
☐ + ☐ = ☐   ☐ + ☐ = ☐   ☐ + ☐ = ☐

★ stellen Vermutungen über mathematische Zusammenhänge an und bestätigen diese anhand von selbst entwickelten Beispielen
★ nutzen Rechenstrategien (Nachbaraufgaben) für vorteilhaftes Rechnen
★ erkennen, beschreiben und entwickeln arithmetische Muster und setzen diese fort

1 8 − 5 = ☐   9 − 7 = ☐   ☐ − ☐ = ☐

8 − 4 = ☐   9 − ☐ = ☐   ☐ − ☐ = ☐

8 − 3 = ☐   9 − ☐ = ☐   ☐ − ☐ = ☐

2 5 − 3 = ☐   8 − 5 = ☐   ☐ − ☐ = ☐

6 − 3 = ☐   ☐ − 5 = ☐   ☐ − ☐ = ☐

7 − 3 = ☐   ☐ − 5 = ☐   ☐ − ☐ = ☐

3 4 − 2 = ☐   10 − 4 = ☐   ☐ − ☐ = ☐

5 − 3 = ☐   ☐ − ☐ = ☐   ☐ − ☐ = ☐

6 − 4 = ☐   ☐ − ☐ = ☐   ☐ − ☐ = ☐

4 ☐ − ☐ = ☐   ☐ − ☐ = ☐   ☐ − ☐ = ☐

☐ − ☐ = ☐   ☐ − ☐ = ☐   ☐ − ☐ = ☐

☐ − ☐ = ☐   ☐ − ☐ = ☐   ☐ − ☐ = ☐

★ stellen Vermutungen über mathematische Zusammenhänge an und bestätigen diese anhand von selbst entwickelten Beispielen
★ nutzen Rechenstrategien (Nachbaraufgaben) für vorteilhaftes Rechnen
★ erkennen, beschreiben und entwickeln arithmetische Muster und setzen diese fort

35

①

$2 + 3 + 4 = 9$

$1 + 4 + 1 = \square$

$3 + 3 + 2 = \square$

$4 + 3 + 0 = \square$

$9 - 2 - 3 = \square$

$7 - 1 - 5 = \square$

$8 - 4 - 2 = \square$

$10 - 6 - 1 = \square$

②

$0 + \square + 1 = 8$

$3 + 3 + \square = 9$

$\square + 5 + 3 = 10$

$3 + \square + 2 = 7$

$6 - \square - 2 = 1$

$\square - 3 - 4 = 2$

$10 - \square - 0 = 5$

$7 - 5 - \square = 0$

③

$2 + 3 - 4 = \square$

$9 - 4 + 3 = \square$

$4 - 2 + 3 = \square$

$5 + 5 - 6 = \square$

$2 + 7 - 1 = \square$

$9 - 7 + \square = 5$

$3 + \square - 5 = 0$

$\square - 6 + 3 = 6$

$6 + \square - 4 = 3$

$10 - 8 + \square = 7$

★ wenden ihre vorhandenen mathematischen Kenntnisse, Fähigkeiten und Fertigkeiten
bei der Bearbeitung herausfordernder oder unbekannter Aufgaben an

Rechenzeichen einsetzen

1

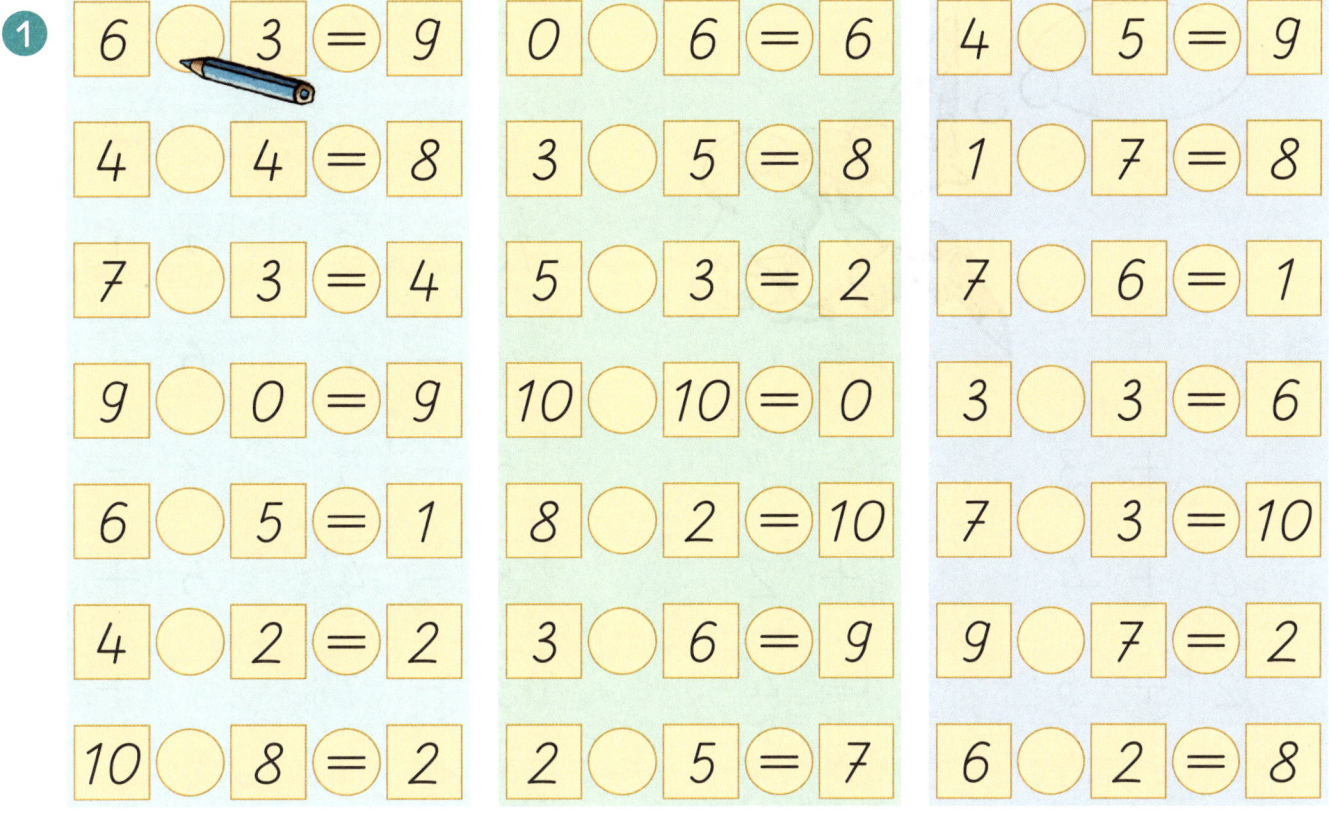

6 ○ 3 = 9	0 ○ 6 = 6	4 ○ 5 = 9
4 ○ 4 = 8	3 ○ 5 = 8	1 ○ 7 = 8
7 ○ 3 = 4	5 ○ 3 = 2	7 ○ 6 = 1
9 ○ 0 = 9	10 ○ 10 = 0	3 ○ 3 = 6
6 ○ 5 = 1	8 ○ 2 = 10	7 ○ 3 = 10
4 ○ 2 = 2	3 ○ 6 = 9	9 ○ 7 = 2
10 ○ 8 = 2	2 ○ 5 = 7	6 ○ 2 = 8

2

3 ○ 2 = 1	4 ○ 6 = 10	7 ○ 1 = 6
8 ○ 5 = 3	7 ○ 7 = 0	2 ○ 5 = 7
5 ○ 3 = 8	2 ○ 6 = 8	6 ○ 4 = 2
7 ○ 4 = 3	3 ○ 2 = 5	5 ○ 5 = 10
10 ○ 5 = 5	8 ○ 6 = 2	1 ○ 4 = 5
1 ○ 1 = 2	2 ○ 2 = 0	8 ○ 2 = 6
3 ○ 7 = 10	5 ○ 0 = 5	10 ○ 0 = 10

★ wenden ihre vorhandenen mathematischen Kenntnisse, Fähigkeiten und Fertigkeiten
bei der Bearbeitung herausfordernder oder unbekannter Aufgaben an
★ nutzen die Einsicht in Zahlzusammenhänge und Rechenstrategien

>, <, =

❶

5	+	3	=	4	+	4
3	+	3	◯	7	−	1
6	+	4	◯	8	+	2
2	+	5	◯	4	−	4
☐	◯	☐	◯	☐	◯	☐

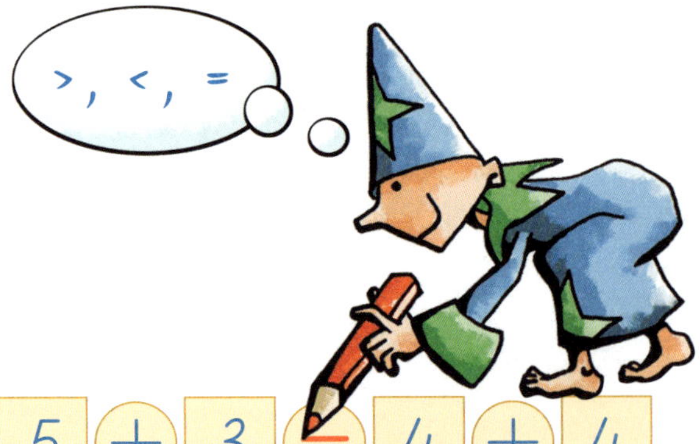

7	−	4	◯	8	−	1
6	−	5	◯	2	+	2
10	−	6	◯	1	+	3
4	−	2	◯	6	−	4
5	−	5	◯	3	−	0
8	−	4	◯	5	+	4
3	−	1	◯	1	+	0
☐	◯	☐	◯	☐	◯	☐

❷

3	+	4	=	2	+	5
6	+	3	◯	4	+	4
5	−	4	◯	7	−	3
8	−	3	◯	5	−	0
3	+	7	◯	6	+	4
4	+	2	◯	8	+	2
10	−	4	◯	9	−	7
☐	◯	☐	◯	☐	◯	☐

☐	−	☐	<	☐	+	☐
☐	+	☐	>	☐	+	☐
☐	+	☐	=	☐	−	☐
☐	−	☐	>	☐	−	☐
☐	−	☐	>	☐	+	☐
☐	+	☐	<	☐	+	☐
☐	+	☐	<	☐	−	☐
☐	◯	☐	◯	☐	◯	☐

1

$$2 \quad 6 \rightarrow 8$$
$$7 \quad 3 \rightarrow 10$$
$$\downarrow \quad \downarrow$$
$$9 \quad 9$$

$$7 \quad 3 \rightarrow \square$$
$$1 \quad 6 \rightarrow \square$$
$$\downarrow \quad \downarrow$$
$$\square \quad \square$$

$$8 \quad 2 \rightarrow \square$$
$$1 \quad 6 \rightarrow \square$$
$$\downarrow \quad \downarrow$$
$$\square \quad \square$$

$$5 \quad 0 \rightarrow \square$$
$$4 \quad 4 \rightarrow \square$$
$$\downarrow \quad \downarrow$$
$$\square \quad \square$$

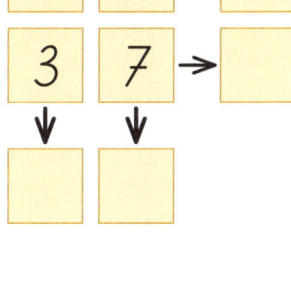

$$5 \quad 3 \rightarrow \square$$
$$3 \quad 7 \rightarrow \square$$
$$\downarrow \quad \downarrow$$
$$\square \quad \square$$

2

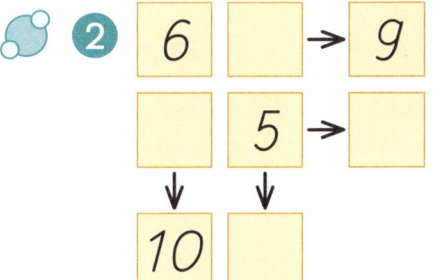

$$6 \quad \square \rightarrow 9$$
$$\square \quad 5 \rightarrow \square$$
$$\downarrow \quad \downarrow$$
$$10 \quad \square$$

$$9 \quad \square \rightarrow 10$$
$$\square \quad 8 \rightarrow \square$$
$$\downarrow \quad \downarrow$$
$$9 \quad \square$$

$$4 \quad \square \rightarrow 7$$
$$\square \quad 3 \rightarrow 6$$
$$\downarrow \quad \downarrow$$
$$\square \quad \square$$

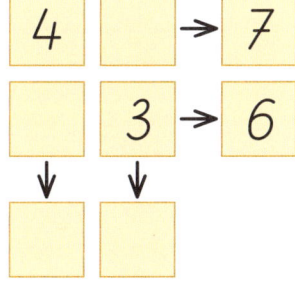

3

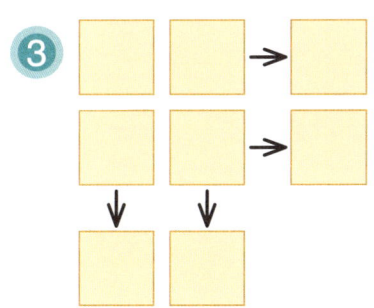

$$\square \quad \square \rightarrow \square$$
$$\square \quad \square \rightarrow \square$$
$$\downarrow \quad \downarrow$$
$$\square \quad \square$$

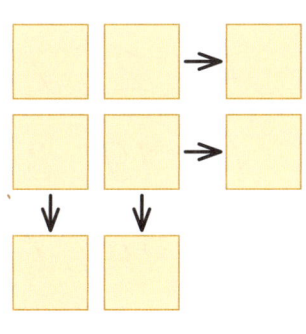

$$\square \quad \square \rightarrow \square$$
$$\square \quad \square \rightarrow \square$$
$$\downarrow \quad \downarrow$$
$$\square \quad \square$$

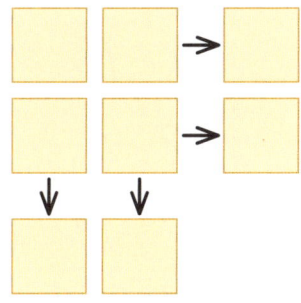

$$\square \quad \square \rightarrow \square$$
$$\square \quad \square \rightarrow \square$$
$$\downarrow \quad \downarrow$$
$$\square \quad \square$$

4

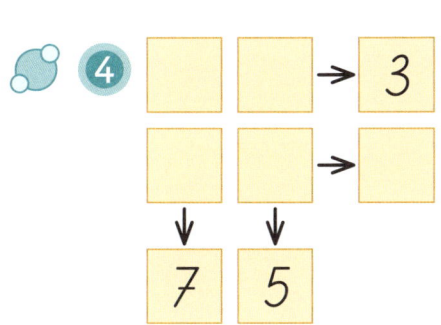

$$\square \quad \square \rightarrow 3$$
$$\square \quad \square \rightarrow \square$$
$$\downarrow \quad \downarrow$$
$$7 \quad 5$$

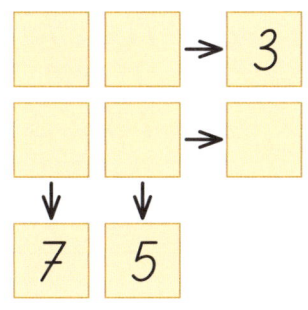

$$\square \quad \square \rightarrow 3$$
$$\square \quad \square \rightarrow \square$$
$$\downarrow \quad \downarrow$$
$$7 \quad 5$$

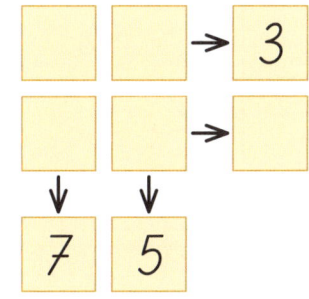

$$\square \quad \square \rightarrow 3$$
$$\square \quad \square \rightarrow \square$$
$$\downarrow \quad \downarrow$$
$$7 \quad 5$$

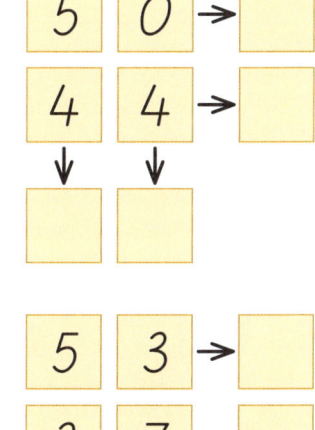

★ wenden ihre vorhandenen mathematischen Kenntnisse, Fähigkeiten und Fertigkeiten
bei der Bearbeitung herausfordernder oder unbekannter Aufgaben an
★ erfinden selbst Aufgaben zu vorgegebenen Strukturen

Aufgaben finden

1

7	4	11	2	5	7	12	4
8	10	18	5	0	4	1	5
6	0	2	5	2	9	3	12
13	4	19	10	12	6	4	2
4	1	8	9	5	0	6	6
6	4	5	6	11	9	14	2
10	2	7	9	0	3	20	6
2	8	7	15	2	5	4	9

$$2 + 5 = 7$$
$$4 + 6 = \square$$
$$\square + \square = \square$$
$$\square + \square = \square$$
$$\square + \square = \square$$
$$\square + \square = \square$$
$$\square + \square = \square$$
$$\square + \square = \square$$

2

10	5	5	10	8	2	6	10
8	15	4	9	6	4	2	7
12	4	8	1	7	10	19	3
17	11	6	7	9	11	14	7
8	11	7	4	2	4	4	0
9	8	1	12	7	8	10	11
12	7	5	13	20	2	18	3
7	4	3	12	5	1	12	8

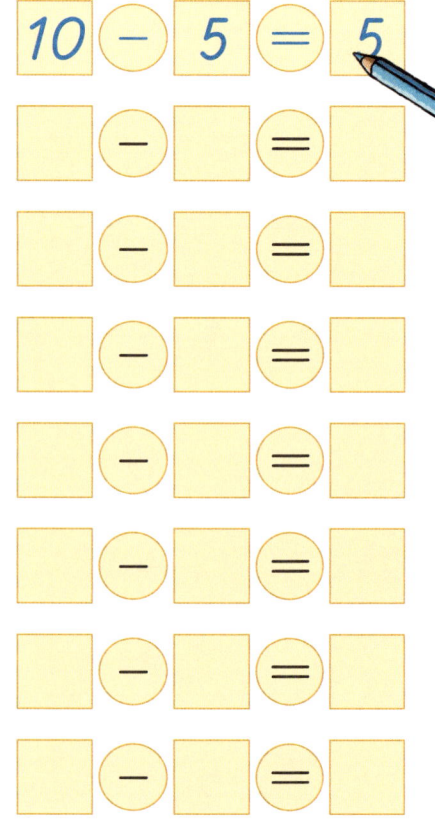

$$10 - 5 = 5$$
$$\square - \square = \square$$
$$\square - \square = \square$$
$$\square - \square = \square$$
$$\square - \square = \square$$
$$\square - \square = \square$$
$$\square - \square = \square$$

* wenden ihre vorhandenen mathematischen Kenntnisse, Fähigkeiten und Fertigkeiten
  bei der Bearbeitung herausfordernder oder unbekannter Aufgaben an
* erfinden selbst Aufgaben zu vorgegebenen Strukturen

In Tabellen rechnen

3 + 2 = 5
5 + 2 = 7

1

+	1	3	2
5			
6			
7			

+	6	7	4
3			
1			
2			

2

+	2		3
2			
5		9	
3			

+		4	2
3	6		
			4
5			

3

+	2		
5			10
	6	8	
3			

+			
	8	9	10
		6	7
			9

★ wenden ihre vorhandenen mathematischen Kenntnisse, Fähigkeiten und Fertigkeiten
bei der Bearbeitung herausfordernder oder unbekannter Aufgaben an
★ nutzen Rechengesetze und Zusammenhänge beim Lösen von Aufgaben

1

1 + 6 = 7	9 − 1 = ☐	4 + 6 = ☐
4 + 5 = ☐	7 − 4 = ☐	2 + 7 = ☐
3 + 6 = ☐	4 − 3 = ☐	8 − 3 = ☐
7 + 3 = ☐	6 − 5 = ☐	3 − 3 = ☐
4 + 2 = ☐	8 − 8 = ☐	5 + 4 = ☐
8 + 1 = ☐	5 − 2 = ☐	2 + 5 = ☐
3 + 4 = ☐	10 − 5 = ☐	9 − 2 = ☐

2

1 + ☐ = 8	10 − ☐ = 9	☐ + 8 = 9
7 − ☐ = 4	5 + ☐ = 10	☐ + 3 = 8
6 − ☐ = 0	4 + ☐ = 8	☐ − 5 = 4
3 + ☐ = 10	9 − ☐ = 5	☐ − 6 = 2
2 + ☐ = 6	10 − ☐ = 2	☐ + 2 = 9
7 − ☐ = 5	6 + ☐ = 9	☐ + 4 = 10
1 + ☐ = 10	3 + ☐ = 8	☐ − 10 = 0

★ nutzen Rechengesetze und Zahlbeziehungen bei der Lösung
★ wenden ihre vorhandenen mathematischen Kenntnisse, Fähigkeiten und Fertigkeiten bei der Bearbeitung unbekannter Aufgaben an

Zahlenmauern kennenlernen

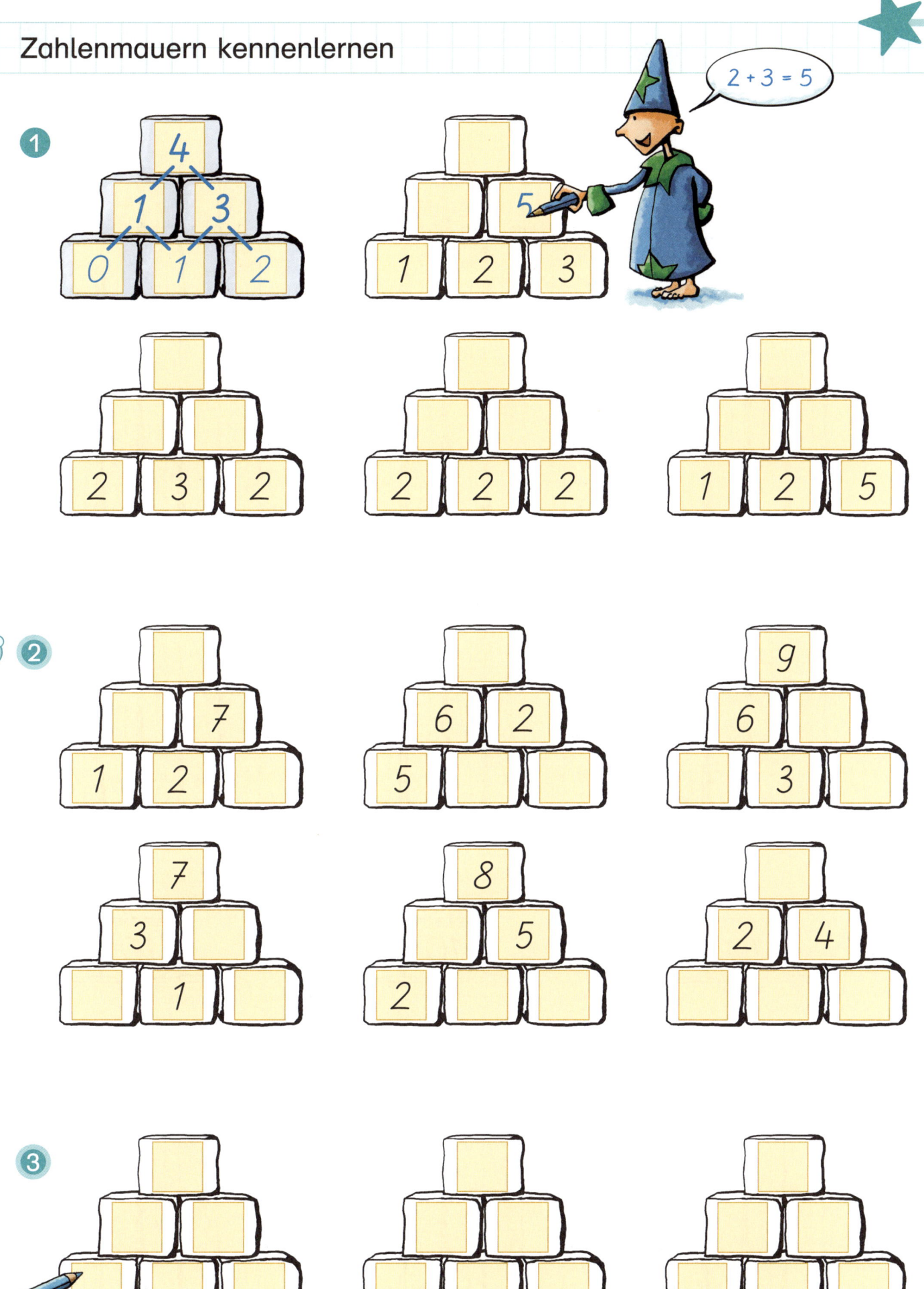

1

2 + 3 = 5

```
    4
  1   3
0   1   2
```

```
      5
  1   2   3
```

```
  2   3   2
```

```
  2   2   2
```

```
  1   2   5
```

2

```
      7
  1   2
```

```
  6   2
5
```

```
      9
  6
      3
```

```
  7
3
      1
```

```
      8
      5
2
```

```
  2   4
```

3

1

Pyramide 1: Boden 1, 2,  3
Pyramide 2: Boden 2, 3, 1
Pyramide 3: Boden 3, 2, 1

Pyramide 4: Boden 1, 3, 2
Pyramide 5: Boden 2, 1, 3
Pyramide 6: Boden 3, 1, 2

2

Spitze 8 (drei Mauern)

3

Spitze 10, Mitte 2 (sechs Mauern)

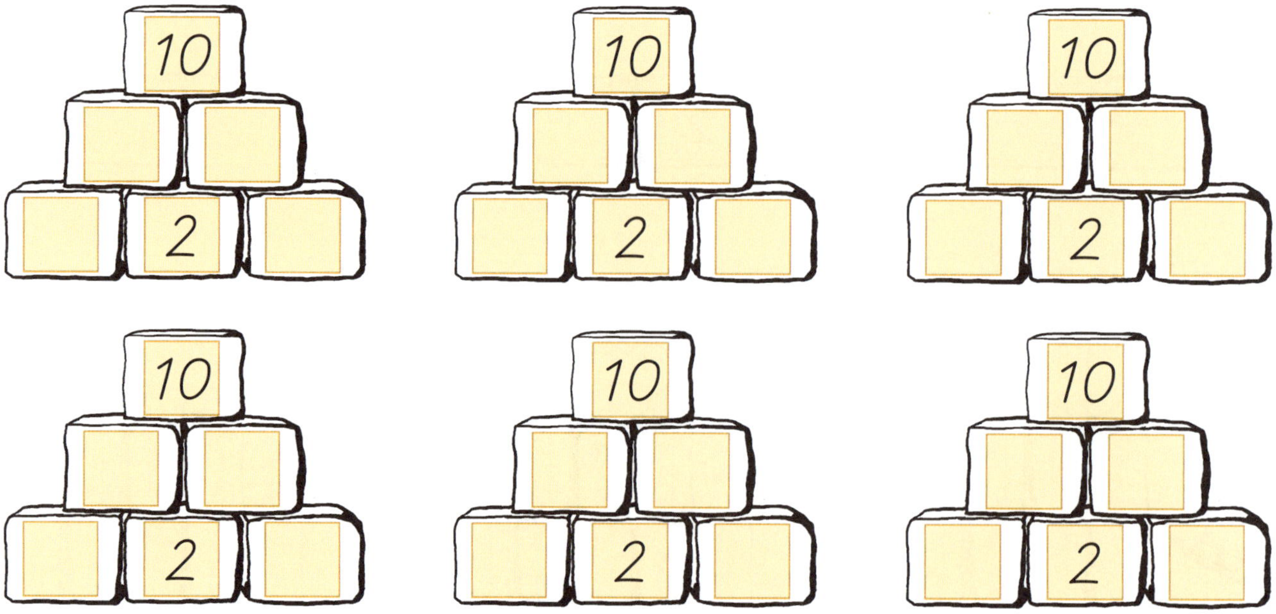

★ wenden ihre vorhandenen mathematischen Kenntnisse, Fähigkeiten und Fertigkeiten bei der Bearbeitung unbekannter Aufgaben an

Mit dem Lineal zeichnen (1)

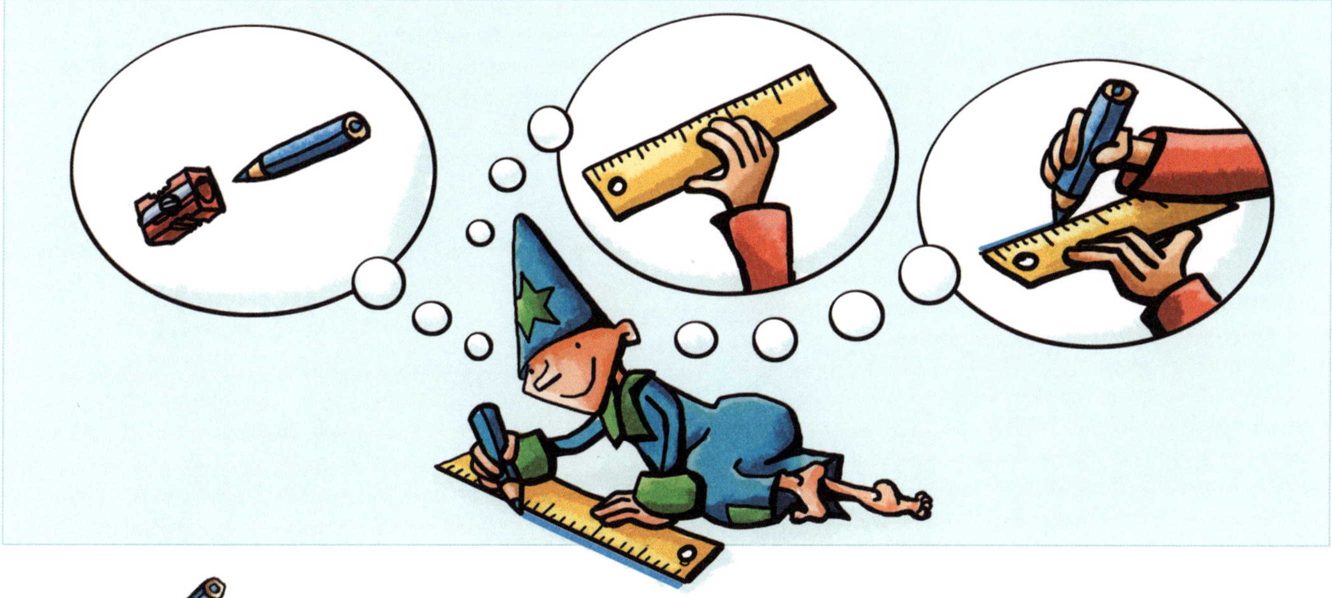

1

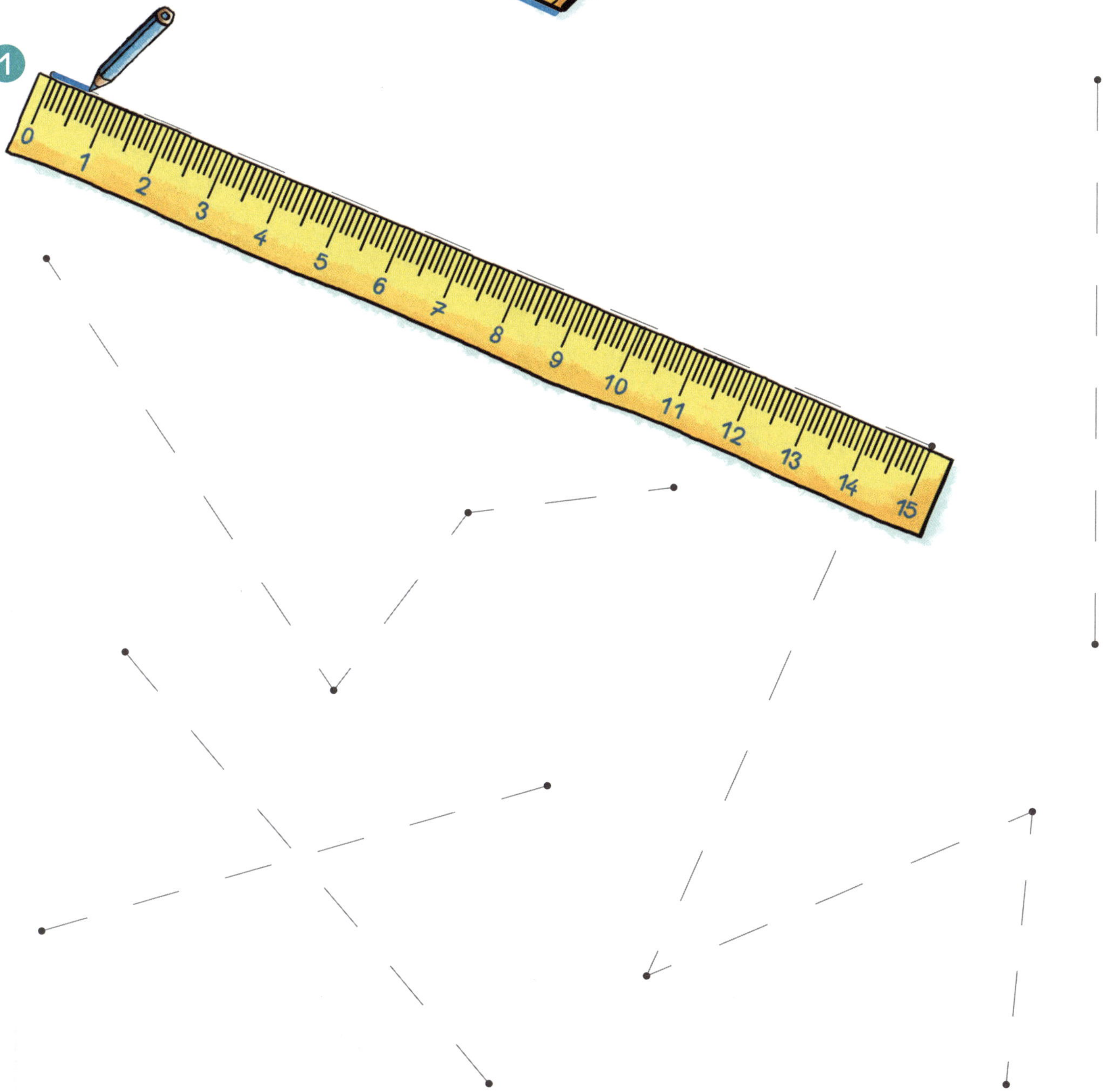

1

• 4

11
• 1

• 5

3 •

• 9   • 10   • 2   3 •

• 8   4 •

6
•

7 •   • 5

1

6

2

★ wenden ihre vorhandenen mathematischen Kenntnisse, Fähigkeiten und Fertigkeiten
bei der Bearbeitung herausfordernder oder unbekannter Aufgaben an

1

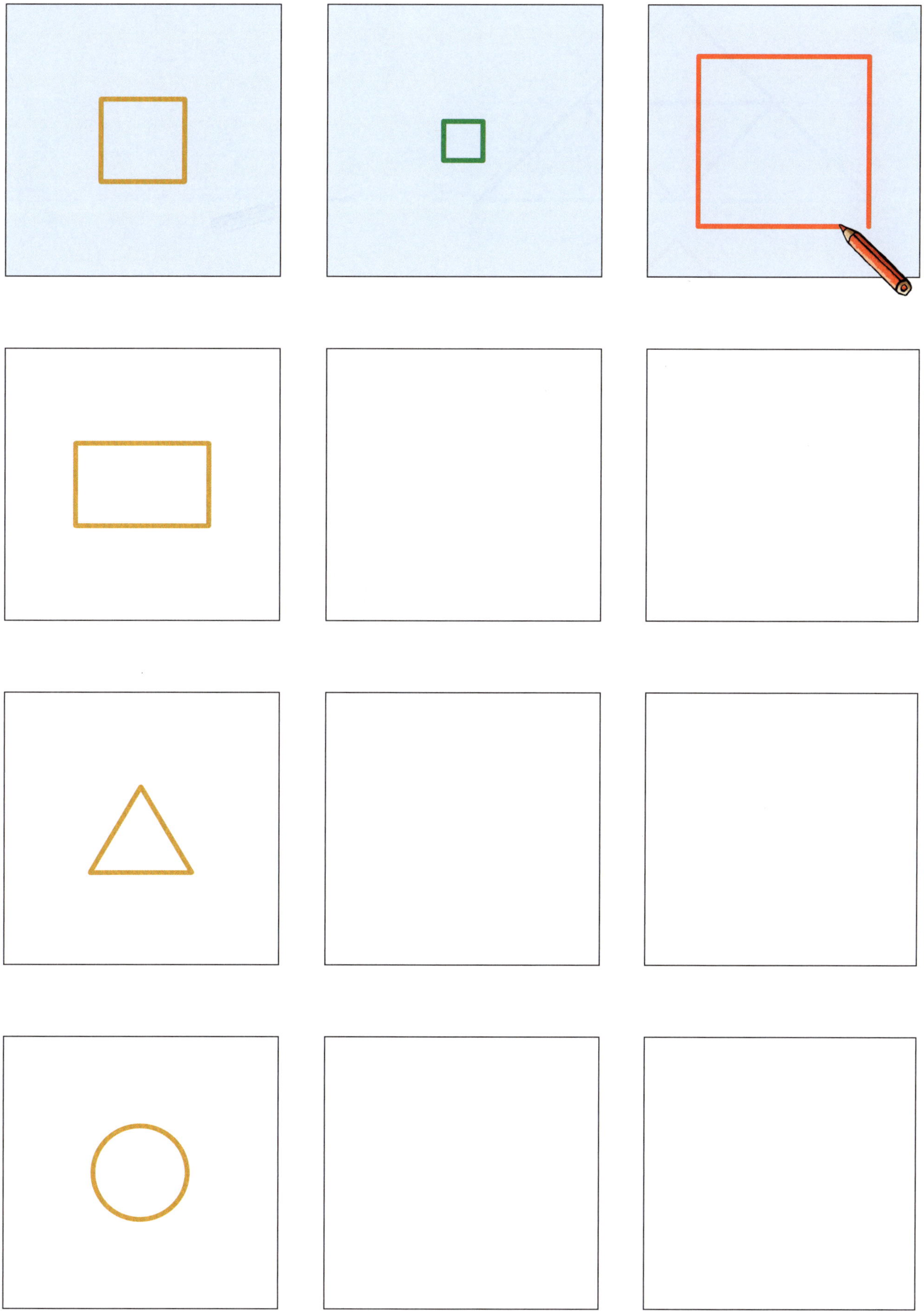

★ ordnen die Begriffe „Dreieck", „Kreis", „Rechteck" und „Quadrat" den jeweiligen Flächenformen zu
★ zeichnen ebene Figuren frei

47

Freihandzeichnen (2)

1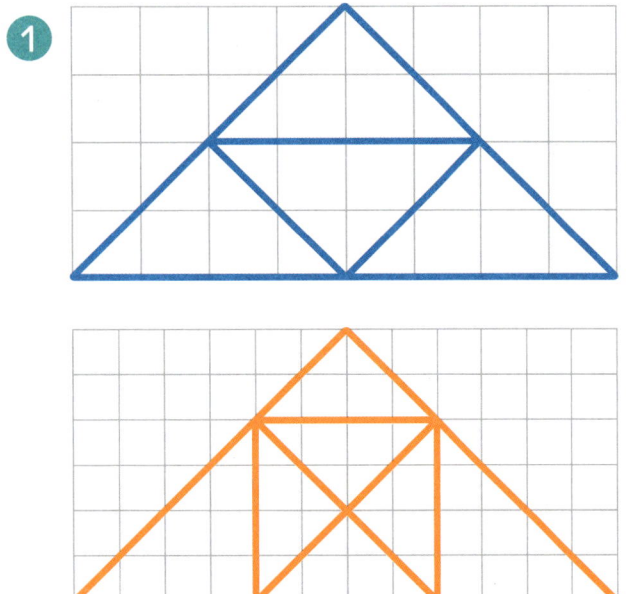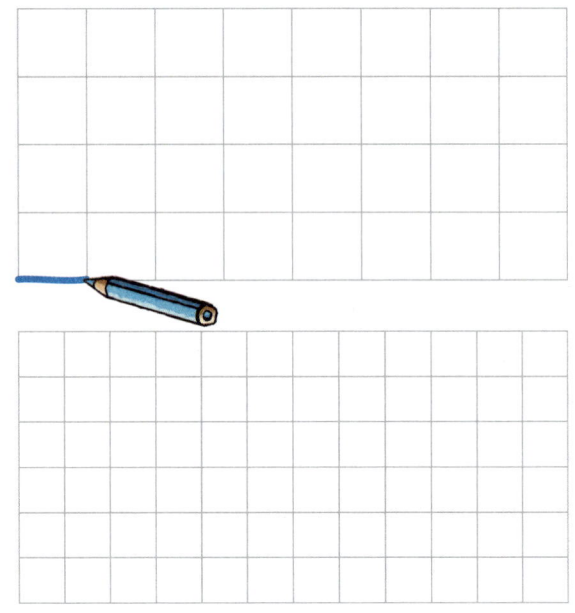

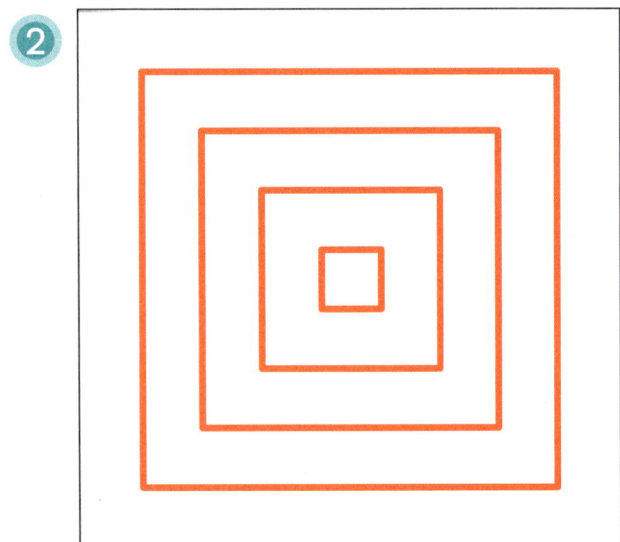 

2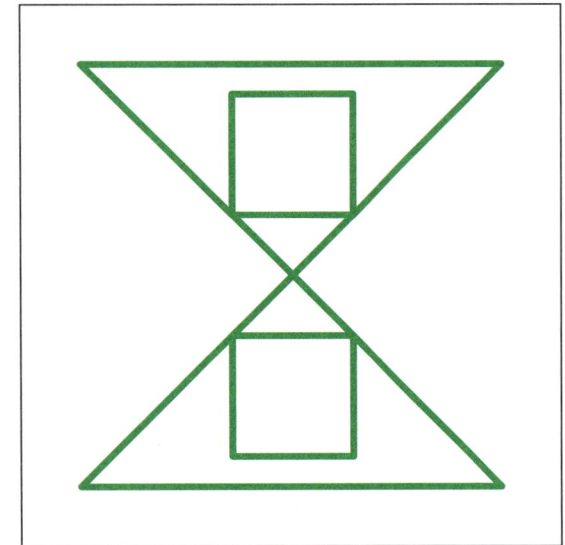

★ identifizieren Formen
★ zeichnen ebene Figuren und Muster frei
★ nutzen beim Freihandzeichnen das Gitterpapier als Hilfsmittel

48